AURA-SOMA
Heilen mit Farben

Peter Michel

NATÜRLICHE WEGE
ZUR GESUNDHEIT

AURA-SOMA

Heilen mit Farben

tosa

Texte von Peter Michel
Umschlag von Kraxenberger KommunikationsHaus GmbH

Druck: Ueberreuter Print

Inhalt

Vorwort

Im Altertum galten die großen Weisen vielfach auch als große Heiler. Wer damals als „Therapeut" bezeichnet wurde, heilte nicht nur den Körper, sondern auch die Seele. Im Laufe der Zeit ist diese ganzheitliche Ausrichtung weitgehend verlorengegangen. Nur selten noch finden sich große Persönlichkeiten und herausragende Menschen, die Weisheit und Heilkunst in einer Person vereinigen. Im 20. Jahrhundert lassen sich dafür vielleicht nur drei ganz große Namen nennen – der englische Arzt Edward Bach, der englische Geistheiler Harry Edwards und die Begründerin von Aura-Soma, die Engländerin Vicky Wall.
Es erstaunt, daß so viele Aktivitäten aus dem heilerischen Bereich von den Britischen Inseln kommen. Doch die Erklärung ist relativ einfach. Bereits seit vielen Jahrhunderten zeigt das Haus Windsor, das die englische Königsfamilie stellt, ein ausgeprägtes Interesse an spirituellen Dingen. Das traf vielleicht ganz besonders auf die überragende Persönlichkeit von Königin Viktoria zu, gilt aber auch für die gegenwärtigen Mitglieder des englischen Königshauses. Von der verstorbenen Lady Diana wußte die Öffentlichkeit zwar viel über ihre unglückliche Ehe, aber wenig über ihr großes spirituelles Interesse. In noch stärkerem Maße trifft dies auf Prinz Charles zu, der mit einem seiner geistigen Lehrer

sogar lange Meditationszeiten in der Kalahari-Wüste verbrachte. Ein Prinz, der Vorworte für Bücher über Geistheilung schreibt, ist vielleicht nur in Großbritannien möglich.
Dieses geistige Umfeld war wahrscheinlich erforderlich, damit die außergewöhnliche spirituelle Begabung von Vicky Wall sich entfalten und ihr großes Heilungswerk ins Leben rufen konnte.

Peter Michel

KAPITEL 1

Die Anfänge

Die Familiengeschichte

Die kabbalistischen Wurzeln

Vicky Wall kam als siebtes Kind eines siebten Kindes 1918 in London zur Welt. Sie wurde in eine orthodoxe jüdische Familie geboren, und ihr Vater gehörte der Gemeinschaft der Chassidim an, die sich auf die legendäre mystische Gestalt des Ostjudentums, den sogenannten Baalschem, gründet. In dieser Welt wurde die jüdische Geheimlehre, die Kabbala, studiert und die mystischen Wurzeln der biblischen Überlieferung erforscht. Es war eine Welt voller Wunder und Geheimnisse, in die die kleine Vicky eintrat; doch mußte sie mit dem Problem fertig werden, daß in den orthodoxen jüdischen Kreisen Frauen nicht in die esoterischen Traditionen eingeweiht werden. Glücklicherweise scheint ihr Vater dieses Gebot in einer recht großzügigen Weise ausgelegt zu haben.

Das siebte Kind eines siebten Kindes

Nach der kabbalistischen Lehre ist das siebte Kind eines siebten Kindes mit außergewöhnlichen Fähigkeiten ausgestattet – und die kleine Vicky bestätigte diese Tradition. Sie war von Kindheit an hellsichtig, und es kann wohl keinen Zweifel daran geben, daß ihre Seele sich diesen Vater gesucht hatte, um von seiner Weisheit zu profitieren.

Ihr Vater war nicht nur in die jüdische Geheimlehre eingeweiht, er besaß auch ein großes Wissen über die Natur und speziell über die Heilkraft von Pflanzen. Auch für ihn dürfte es eine beglückende Erfahrung gewesen sein, in seiner eigenen Tochter eine Seele gefunden zu haben, der er vieles von seinem heilerischen Wissen übergeben konnte.

Die Jugendjahre

Erste spirituelle Erfahrungen

In ihrer Jugend widerfuhren der heranwachsender Vicky eine Reihe von außergewöhnlichen spirituellen Erfahrungen, die sie erst später richtig einzuordnen wußte. Sie erlebte Spontanheilungen und kam vor allem mit dem Leben nach dem Tod in Berührung. Die physische Welt und die geistige Welt waren für sie nur durch einen dünnen Schleier getrennt, was sich vor allem in der Not des Zweiten Weltkrieges für viele Menschen, die sich hilfesuchend an sie wandten, von großem Segen erweisen sollte. Für ein junges Mädchen stellte sich der Einbruch einer anderen Dimension jedoch erst einmal als eine große Herausforderung dar, und es wird der sorgsamen Führung seitens ihres Vaters bedurft haben, um ihre Ängste und Befürchtungen zu überwinden.
Es war in gewissem Sinne eine kleine Einweihung, als ihr Vater mit ihr über ihre Hellsichtigkeit sprach

und ihr erklärte, daß dies zwar eine außergewöhnliche Begabung war, daß aber sowohl er als auch ihr Großvater über die gleiche Befähigung verfügten. Mahnend gab er ihr aber den weisen Ratschlag mit auf den Weg, noch „nicht darüber zu reden, da die Welt noch nicht reif dafür sei".
Sie beherzigte diesen Ratschlag, bis sie später Menschen fand, die sie auf ihrem Weg begleiteten.

Die Achtung vor der Natur

Eine weitere wichtige Lektion, die sie von ihrem weisen Vater erlernte, war die Achtung vor allem Leben in der Natur. Er wies sie ein in die Geheimnisse der Pflanzenwelt, in das Reich der Kräuter und Blüten und in ihre verborgenen Heilkräfte. Und Vicky lauschte mit großen Augen und offenem Herzen.
Als sie eines Tages einmal unachtsam einen Zweig abbrechen wollte, warnte ihr Vater sie eindringlich, dies zu unterlassen.
Er erklärte ihr, dies sei ihr nur gestattet, wenn sie einen Bedarf für diesen Zweig hätte, andernfalls wäre es eine unerlaubte Verschwendung von Leben. Das junge Mädchen nahm sich diese und andere Belehrungen ihres Vaters sehr zu Herzen.

Die erste Heilung

Vicky Wall war elf Jahre alt, als sie erstmals erlebte, daß sie über „heilende Hände" verfügte. Sie

besuchte mit ihrer Lieblingsfreundin deren kranke Tante und setzte sich, entgegen der Anweisung ihres Vaters, auf das Bett der kranken Frau.
Diese ergriff schnell ihr Hand, um sie dann nicht mehr loszulassen. In diesem Augenblick verspürte die Elfjährige ein intensives „Prickeln" in ihrer Hand, und ein heilender Strom floß von ihr zu der erkrankten Tante ihrer Freundin.
In den folgenden Jahren sollte sie dieses Prickeln immer dann verspüren, wenn sie mit Menschen in Kontakt kam, die eine Heilbehandlung benötigten. Beim ersten Mal jedoch war es eine äußerst ungewöhnliche Erfahrung, die noch dazu gesteigert wurde, als die betreffende Tante sie kurze Zeit später zu sich rief, um ihr von Herzen für ihre Heilung zu danken. Auch in diesem Fall dürfte ihr Vater gefragt gewesen sein, um die junge Heilerin über das Geschehene aufzuklären.

Die Reifejahre

Leben ist Dienen

Als erwachsene Frau begann Vicky Wall, ihre Begabungen in den Dienst der Menschen zu stellen. Sie setzte ihre Ausbildung bei einem klugen Apotheker fort, wo sie ihr pharmazeutisches Wissen vertiefen konnte. Später arbeitete sie als Fußpflegerin in einer eigenen Praxis, die ihr den äußeren Rahmen bot, um Menschen mit ihren heilenden Händen und ihrem Kräuterwissen zu behandeln.

Es waren stets sehr „irdische" Tätigkeiten" welche sich die sensitive Frau suchte, um stets eine Mahnung ihres Vaters zu befolgen, der seiner „Lieblingsschülerin" einen weisen Ratschlag mit auf den Lebensweg gegeben hatte:
„Hüte dich davor, so himmlisch zu werden, daß du auf Erden nutzlos bist!" Seine Tochter folgt diesem Ratschlag.

Äussere Dunkelheit und inneres Licht

Mit zunehmendem Alter wurde Vicky Wall mehr und mehr das äußere Augenlicht entzogen, und sie begann zu erblinden. Sie berichtete später, wie sie in den Anfangsphasen ihrer Erblindung mit Gott gehadert und ihn der Ungerechtigkeit angeklagt habe.
Später sei ihre Einstellung einem größeren Verständnis gewichen, und sie habe mit Dankbarkeit ihrer sich weiter entwickelnden Hellsichtigkeit vertraut, die ihr das Leben aus einer inneren Perspektive entschlüsselte.
So schien sie eine höhere Welt für jenes Ereignis vorzubereiten, das sich in ihrem sechsundsechzigsten Lebensjahr vollzog und das der Menschheit ein geniales neues Heilungssystem schenken sollte – die Geburt von Aura-Soma.

KAPITEL 2

Die Geburt von Aura-Soma

Heilende Farben

„Teile die Wasser!“

Das Jahr 1984 war das Geburtsjahr für Aura-Soma. Vicky Wall war durch eine unruhige Lebensphase gegangen und hatte sich eines Nachts in die Meditation zurückgezogen. Sie empfand die große Stille, in die sie eintrat, zuerst unheimlich, fast bedrohlich, doch dann löste sich alles Empfinden in einem Gefühl von Geborgenheit auf, und sie tauchte ein in eine einzigartige Welt fließender Farben. Ihr ganzes Wesen wurde von lichtvoller, vibrierender Energie erfüllt, und ein unbeschreiblicher Frieden umgab ihr ganzes Wesen.

Als sie in dieser Empfindung verharrte, erklang plötzlich eine Stimme, die deutlich vernehmbar zu ihr die Worte sprach: „Teile die Wasser.“ Sie erschrak und nahm unvermittelt wieder ihre körperliche Welt wahr. Was sollten diese Worte bedeuten?

In der nächsten Nacht wiederholte sich der seltsame Vorgang, und wieder erklang die Stimme mit der Botschaft, die „Wasser zu teilen“. Vicky Wall konnte sich keinen Reim auf diese Geschehnisse machen.

Als sich jedoch der Vorgang in der dritten Nacht nochmals wiederholte, fühlte sie den unwiderstehlichen Impuls, aufzustehen und in ihr kleines Arbeitszimmer zu gehen. Später erklärte sie in ihrer Autobiographie: „Ich kann mich weder an die nächsten Stunden erinnern noch daran, wie ‚Balance' eigentlich geboren wurde. Alles, was ich weiß, ist, daß andere Hände die meinen geführt haben."

Balance

Erst am nächsten Morgen, als Vicky Wall mit einer Freundin wieder ihren Arbeitsraum betrat, erblickte sie bewußt die in der Nacht geschaffenen Flaschen, die sie anfunkelten. Sie leuchteten in großer Klarheit und schienen eine besondere Kraft auszustrahlen. Die Flüssigkeiten, die in den Flaschen enthalten waren, lagen in zwei getrennten Lagen, wie von einer unsichtbaren Grenze getrennt, übereinander. In den meisten Flaschen hatte die obere Lage eine andere Farbe als die untere.
Wieder schien es eine innere Stimme zu sein, die Vicky Wall einen Namen zuflüsterte – Balance. So wählte sie für die neu geschaffenen Flaschen den Namen „Balance", der ihnen für viele Jahre blieb, ehe er aus urheberrechtlichen Gründen in „Equilibrium" umgewandelt werden mußte.

Die Balance-Flaschen

Eine genaue Untersuchung der Flaschen ergab, daß sie zur Hälfte aus einer öligen und zur anderen Hälfte aus einer alkoholischen Flüssigkeit bestanden. Die beiden Hälften besaßen jeweils unterschiedliche Farbtöne. Wurden sie geschüttelt, so vermischten sie sich kurzfristig und ergaben eine schimmernde Emulsion. Stellte man die Flaschen

wieder zurück, nahmen sie in kurzer Zeit wieder ihre ursprüngliche Zweiteilung an.
Vicky Wall erinnerte sich, daß schon im alten Ägypten solche Tinkturen als „Schönheitswasser" hergestellt wurden, und sie nahm im ersten Augenblick an, ihre neu geschaffenen Flaschen könnten ebenfalls eine Art Hauttonikum sein. Das stellte sich später als eine irrtümliche Annahme heraus.

Aura-Soma

Heilung für die Seele

Es dauerte nur eine kurze Weile, bis Vicky Wall verstand, daß ihre „Flaschen-Kinder" keine Kosmetikmittel waren, um die Haut zu verschönern, sondern daß ihr eigentlicher Zweck darin bestand, die Schönheit der Seele zu entfalten und ihrer Heilwerdung zu dienen. Aura-Soma war ein Heilmittel für Geist und Seele, das lichte Wesen durch Vicky Wall in die grobstoffliche Welt gebracht hatten. Es wirkte zwar über den Körper, aber dieser diente nur als Instrument, um die eigentliche Lebenszentrale des Menschen, seinen geistig-seelischen Bereich, anzusprechen.
Vicky Wall war aufgrund ihrer außergewöhnlichen Fähigkeiten offensichtlich von einer höheren Wirklichkeit ausgewählt worden, um als Werkzeug dafür zu dienen, eine neue, sanfte, lichtvolle Heilungsmethode auf der Erde zu offenbaren.

Die Göttin der Morgenröte

So wie Vicky Wall den Auftrag zur „Teilung der Wasser" empfing, wurde ihr auch der Namen für ihre neue Heilweise eingegeben – Aura-Soma. Dabei soll der Name bereits die Verbindung zwischen dem Ätherischen der Aura und dem Stofflichen des Körpers ausdrücken. Die ursprüngliche Ableitung von „Aura" geht auf „Aurora", die römische Göttin der Morgenröte, zurück. „Soma" dagegen kann auf zwei unterschiedliche Ursprünge zurückgeführt werden, die beide sehr bezeichnend sind. Im Griechischen bezeichnet das Wort „Soma" den menschlichen Körper, was in der Beziehung Aura-Soma einen Sinn ergeben würde. Außerdem besitzt das Wort einen Ursprung im Sanskrit, wo „Soma" eine vielfältige Bedeutung besitzt, vom Göttertrank über kosmische Energie bis hin zum alles erfüllenden geistigen Lebensprinzip. Auch vor diesem Hintergrund macht die Kombination Aura-Soma tiefen Sinn. Vicky Wall selbst übersetzte die Wortverbindung „Aura-Soma" als „Licht, manifestiert in lebendigen Energien". Ihre leuchtenden Flaschen sollten in sich Himmel und Erde verbinden.

Die Inhaltsstoffe

Die Farbbotschaften

Vorrangig zu den eigentlichen Inhaltsstoffen, die später auf den Körper aufgetragen werden, wirken

die Aura-Soma-Flaschen über zwei andere Wahrnehmungsorgane – die Augen und die Nase. Die Farben übermitteln eine Botschaft, die direkt die Seele anspricht. Die Augen sind in diesem Falle nur der „Spiegel der Seele“ und wählen diejenigen Flaschen aus, die ihre Seele ihnen „zuruft“. Dabei wird noch im einzelnen zu zeigen sein, welche tiefere Bedeutung den Farben zukommt.
Die zweite Variante stellt eine uralte Heilmethode dar, die schon von den Ägyptern und Babyloniern praktiziert wurde – die Aromatherapie. Alle Aura-Soma-Produkte strömen einen „himmlischen“ Duft aus, der als ausgesprochen wohltuend empfunden wird. Durch das sanfte Einatmen der Duftpartikel werden die Botschaften der Aromen an das Gehirn weitergeleitet, wo sie vielfältige Wirkungen auslösen können. Manche Menschen empfanden die Düfte als anregend, andere als beruhigend, manche fanden sie inspirierend und einige gar als Schlüssel zu längst verlorengegangenen Bildern aus ihrer eigenen Vergangenheit.
Farben und Düfte vermögen die gesamte Persönlichkeit eines Menschen anzusprechen und zu berühren. Tiefe Schichten des menschlichen Wesens können so berührt werden, die mittels einer herkömmlichen Therapie unerreichbar blieben.

Pflanzen und Edelsteine

Die weiteren Bestandteile der Aura-Soma-Flaschen entstammen dem Pflanzen- und dem Mineralreich.

Von ihrem Vater her wußte Vicky Wall um die Geheimnisse der Natur Bescheid. Sie besaß einen besonderen Zugang zu den Wesen und Kräften dieser Welten. Sie sprach mit den Blumen und Blüten und erkannte in ihnen geistige Kräfte, die sich zum Wohl der Menschheit verströmten und verschenkten. Mittels der Aura-Soma-Flaschen lebten ihre inneren Kräfte weiter und wirkten heilsam auf die geistig-seelischen Aspekte des Menschen.
Gleiches galt für die Energien aus dem Mineralreich, die den Flaschen hinzugefügt wurden. Auch hier setzte Vicky Wall eine Tradition fort, die schon auf die Zeit des salomonischen Tempels zurückgeht, als die Hohepriester auf ihrem Brustschild bestimmte Edelstein-Kombinationen trugen, die ihnen als Kraftquelle dienten.

Die kabbalistische Invokation

Bei der Hinzufügung der Edelsteinenergien in die Aura-Soma-Flaschen handelt es sich um den geheimnisvollsten Teil der Aura-Soma-Arbeit. Hier kommt die alte jüdische Geheimlehre, die Kabbala, zum Vorschein, die Vicky Wall, zumindest in Teilen, von ihrem eingeweihten Vater erlernen durfte und die später von ihrem engsten Mitarbeiter und Nachfolger, dem Engländer Mike Booth, weiter vertieft wurde.
Bei der kabbalistischen Invokation handelt es sich um eine Anrufung, ein uraltes heiliges Ritual, bei dem die Kräfte oder inneren Energien von Edelsteinen oder Kristallen übertragen werden. Dazu

bedarf es einer bestimmten meditativen Einstimmung auf höhere Welten und Wesen, die des Menschen als Mittler zwischen der physischen und der feinstofflichen Welt bedürfen. Ohne die Verbindung zu den geistigen Lichtreichen könnte die Anrufung nicht erfolgreich sein; und ohne den Segen einer höheren Welt würden die Aura-Soma-Produkte nicht ihre einzigartige Wirkung entfalten. Wie auch bei anderen ganzheitlichen Therapien, etwa dem Ayurveda oder den Bütenheilmitteln des Dr. Bach, zeigt sich, daß hinter den „neuen" Systemen eine uralte heilige Tradition steht, die zurückzuführen ist auf die großen Weisen und Therapeuten der Menschheitsgeschichte. Was bei dem einen System die großen Seher der indischen Vergangenheit waren und bei dem anderen die keltischen Druiden, waren bei Aura-Soma die eingeweihten Kabbalisten der jüdischen Weisheitstradition.

Die Auswahl der Flaschen

Liebe auf den ersten Blick

Wer mit den Aura-Soma-Flaschen arbeiten möchte, sollte den ersten Schritt möglichst unbefangen, unschuldig und ohne gedankliche Vorauswahl treffen. Wer etwa schon einige Bücher über Aura-Soma gelesen hat und „seine" Flaschen nach einer intellektuellen Neigung aussucht oder weil ihm die Beschreibung der Flaschen gefällt, verfehlt die eigentliche Botschaft.

Die „beseelten" Flaschen gehen mit jedem Menschen, der ihnen reinen Herzens gegenübertritt, eine Verbindung ein. Sie schenken ihm eine Botschaft! Es gilt, sich für diese Botschaft offen zu zeigen und sie anzunehmen.
Die Auswahl der Flaschen sollte also spontan und ohne mentale Analyse erfolgen. Der Hinweis für die Wahl der Aura-Soma-Flaschen könnte vielleicht in den Satz gekleidet werden: „Lausche der Stimme deines Herzens!"

Die Aura-Soma-Berater

Jedermann hat heute die Möglichkeit, in den zahllosen Aura-Soma-Läden überall auf der Welt „seine" Flaschen herauszufinden. Dies ist durchaus eine annehmbare Vorgehensweise. Es ist jedoch empfehlenswert, die Auswahl zusammen mit einem ausgebildeten Aura-Soma-Berater (Beraterin) vorzunehmen.
Vicky Wall und später Mike Booth legten großen Wert darauf, jenen Therapeuten, Ärzten oder Heilpraktikern, die mit den Aura-Soma-Produkten arbeiten, eine gründliche Ausbildung angedeihen zu lassen, die ihnen die tiefere Dimension von Aura-Soma erschließt.
Dieses Wissen ermöglicht es ihnen, jenen Menschen, die zu einer Aura-Soma-Sitzung kommen, den Schlüssel zum Verständnis „ihrer" Flaschen in die Hand zu geben.
Zudem erschließt sich oft erst im Gespräch und in der Andeutung eines möglichen Hintergrundes die

ganze geistig-seelische Dimension, die mit der Auswahl der Flaschen einhergeht.
Dabei wird der einfühlsame Aura-Soma-Therapeut immer die individuelle Persönlichkeit und ihren Freiraum beachten und nur Hinweise geben, um dem einzelnen mögliche Tore zu seiner eigenen Innenwelt zu zeigen.

Die vier Flaschen

Das „Balance-System" (heute Equilibrium-System) ist so aufgebaut, daß der Auswählende aus der bunten Palette der Aura-Soma-Juwelen, wie Vicky Wall ihre Flaschen nannte, vier persönliche Flaschen auswählt.
Dies geschieht am besten dadurch, daß sich der Betreffende ein wenig Zeit nimmt, um in die innere Stille zu gehen.
Die Wahl der Aura-Soma-Flaschen sollte seitens der Seele erfolgen, weshalb es ratsam ist, der Hektik des täglichen Lebens durch einige Augenblicke des Stillwerdens zu entfliehen.
Dann sollte die Wahl jener Flasche erfolgen, welcher der Auswählende die größte Zuneigung schenkt.
Es ist also die „absolute Lieblingsflasche", von der die größte Anziehung ausgeht. Die nächsten drei Flaschen werden dann entsprechend die zweitliebste und so weiter sein, bis vier Flaschen ausgewählt wurden.

Die 1. Flasche

Die Wahl der ersten Flasche besitzt in zweifacher Hinsicht eine besondere Bedeutung. Sie gilt als die „Seelenflasche“ und zeigt dem Menschen in gewisser Hinsicht seine Lebensaufgabe an.
Ihr zweiter Aspekt deutet auf die „wahre Aura“ des Menschen hin. Die „wahre Aura“ gleicht einem „individuellen Gütestempel“, der dem Wissenden etwas über das seelische Wesen des Menschen mitteilt.
Vicky Wall war aufgrund ihrer Erfahrungen fest davon überzeugt, daß die Auswahl der Lieblingsflasche wichtige Informationen über die „wahre Aura“ des Menschen enthielt, jene Aura, die während des ganzen Lebens als seelische Grundqualität erhalten bleibt.
Die „normale Aura“, die den Körper umhüllte, veränderte sich regelmäßig aufgrund von Eindrükken, Gedanken oder Gefühlen, die „wahre Aura“ jedoch zeigte den wirklichen Menschen an, und sie blieb während des ganzen Erdenlebens bestehen.
In der Aura-Soma-Deutung vermittelt die Bodenfarbe der ersten Flasche eine Aussage über die Grundbeschaffenheit des Menschen, während die darüberliegende Farbe Auskunft über den in der Zukunft zu beschreitenden Lebensweg gibt.
Ein wirkliches Verständnis der „Seelenflasche“ schenkt daher nicht nur wesentliche Hinweise über die eigene Persönlichkeit, sondern hilft zusätzlich, die eigenen Begabungen und Talente zu erkennen und einen sinnvollen Lebensweg zu beschreiten.

Die 2. Flasche

Die als zweite gewählte Flasche gilt als „Therapieflasche". Im Gegensatz zur ersten Flasche wird sie auf den Körper eingerieben. Ihr tieferer Hintergrund liegt in der Erhellung der Schwierigkeiten aus der Vergangenheit und in der Erhellung möglicher Probleme auf dem Weg in die Zukunft. Sie hilft also, bestehende Blockaden aufzulösen und möglichen zukünftigen Schwierigkeiten wachsam zu begegnen.
In der Regel steht die obere Hälfte für jene Probleme, die bereits erkannt, aber noch nicht gelöst wurden, die untere Farbe dagegen weist auf noch unerkannte Problemfelder hin.
Bedingt durch die segensreichen therapeutischen Wirkungen dieser Flasche wird sie häufig auch als „Herausforderungsflasche" oder „Geschenkflasche" bezeichnet.

Die 3. Flasche

Die als dritte gewählte Flasche gilt als „Spiegel der Vergangenheit" oder als „Spiegel des Jetzt". Sie weist zum einen auf den zurückgelegten Weg hin, enthält zum anderen aber auch Hinweise auf die gegenwärtige Situation. Wie werden wir mit ihr fertig?
Haben wir die gegenwärtigen Herausforderungen schon gemeistert, oder belasten uns noch die Bürden der Vergangenheit?

Welche Verhaltensmuster aus der Vergangenheit stehen uns noch im Weg?
Die dritte Flasche gilt als besonders schwierig in der Interpretation, wahrscheinlich weil sie ein ausgeprägtes Maß an Ehrlichkeit seitens des Auswählenden erfordert.
Auch bei dieser Flasche gilt der obere Teil als Hinweis auf die bereits erkannten Probleme, während der untere Bereich die noch weitgehend unbewußten Probleme andeutet.

Die 4. Flasche

Die als vierte ausgewählte Flasche gilt als „Zukunftsflasche". Sie enthält die Botschaft über die Richtung, in die der Mensch sich bewegt. Ein tiefes Verständnis dieser Botschaft kann als Inspiration für die künftigen Schritte dienen oder in Grenzsituationen die Wahl zwischen zwei Wegen erleichtern.
Da die Seele schon lange weiß, welchen Weg sie einschlagen möchte, vermag sie auf diese Weise der noch zögernden Persönlichkeit die Richtung zu weisen. Richtig verstanden, dient die vierte Flasche als „Zielvorgabe" der geistigen Welt an die menschliche Person.

Wenn die vier Flaschen ausgewählt sind, kann man sich mit der Botschaft der Farben vertraut machen oder mit Hilfe des Aura-Soma-Beraters beginnen, die einzelnen Flaschen zu entschlüsseln. Dazu ist es erforderlich, ein tieferes Verständnis der verschiedenen Farben zu erlangen.

KAPITEL 3

Heilende Farben

Eine kurze Einführung in die Farbenlehre

Die Ursprünge der Farbtherapie verlieren sich im Dunkel der Zeiten. Bei fast allen Hochkulturen der Antike war die Heilwirkung von Farben und ihre magische Bedeutung bekannt. Römische Ärzte verwandten farbige Hautpflaster, um so bestimmte Heilungsprozesse zu unterstützen, und bei den Indianern spielten sie eine entscheidende Rolle bei der „Kriegsbemalung". Doch erst in jüngster Zeit wurde wieder begonnen, sich intensiver mit der Heilkraft von Farben zu beschäftigen. Aura-Soma arbeitet, wenn man es wissenschaftlich betrachten will, mit der Farb-Wellenlänge, dabei dienen die „Balance/Equilibrium-Flaschen" dazu, die Farben auf die elektromagnetische Ausstrahlung des Körpers einzustellen. So können sie unproblematisch auch von Laien benutzt werden, da auch ihre intensive, langfristige Verwendung dem Körper keinerlei Schaden zufügen kann.
Das grundlegende Werk zur „Aura-Soma-Farbtherapie" wurde von der Engländerin Philippa Merivale verfaßt, auf deren Ausführungen sich die nachstehenden Darlegungen stützen.

Rot

Rot steht am Anfang des Farbprozesses. Rot hat mit Lebensenergie und der Verbindung des Menschen zur Erde zu tun. Menschen, die eine ausgeprägte

Neigung zur Farbe Rot besitzen, verfügen in der Regel über eine ausgeprägte Willenskraft und ein gehöriges Maß an Lebensenergie.
Rot stellt auch die Energie der Liebe und der Vitalität dar. Sie symbolisiert die Erde und das Lebensblut des Planeten. So steht Rot für Lebensfreude und Leidenschaftlichkeit; im negativen Fall kann es aber auch Gewalttätigkeit und Aggression andeuten.
Im Chakra-System (Chakras als Energiezentren im menschlichen Körper verstanden) steht die Farbe Rot mit dem Wurzel-Chakra in Verbindung, das ebenfalls für den Kontakt zur Erde zuständig ist. Des weiteren steht Rot auch mit den Fortpflanzungsorganen in Verbindung und hat somit Bedeutung für die menschliche Sexualität. Die „roten Lippen" oder die „roten Rosen" bei einer Verabredung sind dafür nur kleine, aber signifikante Hinweise.
Auf der körperlichen Ebene weist Rot auf die Nebennierendrüsen hin, was bei einer medizinischen Analyse im Auge behalten werden sollte.
Steht bei einer Auswahl der vier Aura-Soma-Flaschen die Farbe Rot im Vordergrund, so kann dies zweierlei Ursachen haben. Zum einen kann es auf einen Menschen hinweisen, der voller Vitalität steckt und auch auf seine Umwelt belebend wirkt, zum anderen kann es genau das Gegenteil anzeigen, nämlich einen Menschen, dem genau diese Qualitäten fehlen. Ein erfahrener Aura-Soma-Berater wird dies allerdings relativ schnell herausfinden. Wenn die Energie der Farbe Rot im Menschen harmonisch ausgeprägt ist, so wird dieser sich im

Fluß mit dem Leben befinden. Er ist motiviert, dem Leben zugewandt und in der Lage, seine Lebensleistung zum Wohle des Ganzen einzubringen. Es ist ein Mensch, der über Mut verfügt und auch bereit ist, einmal ein Risiko einzugehen. Unabhängig von diesen Tendenzen, die natürlich auch Frauen zu eigen sind, wird die Farbe Rot hauptsächlich dem männlichen Aspekt des Lebens zugeordnet. Nicht zuletzt deshalb wird ihr auch eine gewisse Tendenz zu Dominanz zugesprochen.
Rot spielt in den Aura-Soma-Flaschen eine erhebliche Rolle, was angesichts der charakterisierten Themata allerdings nicht zu verwundern vermag.

Rosa

Im Aura-Soma-System gelten die blasseren Farben als die „gereinigten Aspekte des wahren Lichtes". Sie stellen die „eigentliche Schwingung der jeweiligen Farbtöne" dar.
Rosa gilt als die Farbe des Ausgleichs zwischen männlichen und weiblichen Energien. Rosa ist die Farbe der bedingungslosen Liebe, die Farbe der Zuwendung und Hingabe. Rosa ist das ideale Gegenmittel bei Ängsten aller Art. Wahre Liebe hilft, alle Ängste zu überwinden.
Steht Rot für Leidenschaft, so steht Rosa für Mitgefühl. Rosa verlangt nichts, sondern verschenkt sich ohne Vorbedingungen. Daher kann der „Rosa-Typus" im negativen Fall auch ein Mensch von extremer Naivität oder übermäßiger Verletzbarkeit sein. Für ihn gilt es, zuerst einmal seine wahre inne-

re Mitte zu finden, um dann seine Herzensqualitäten in gesunder Art und Weise ausdrücken zu können. In diesem Zusammenhang ist auch das Wort von der „rosaroten Brille" angebracht. Es ist die Brille der Illusion, der naiven Einbildung.

Wird die Farbe Rosa von einem Mann in besonderem Maße gewählt, so kann dies darauf hindeuten, daß er Schwierigkeiten damit hat, seine eigene Männlichkeit zu verwirklichen. Der Schlüssel zur Lösung dieses Problems liegt möglicherweise in der Kindheit.

Rosa ist auch die Farbe des Trostes und der liebevollen Zuwendung. Sie lindert seelisches Leid, Herzschmerz und Liebeskummer. Was das Rot für den Körper bedeutet, bedeutet das zarte Rosa für das Herz und die Seele.

Koralle

Das Korallenrot trat im Aura-Soma-System erst relativ spät in Erscheinung. Es gilt als sehr feine, aber überaus starke Kraft. Menschen, die eine ausgeprägte Neigung zu dieser Farbe verspüren, zeigen häufig ein großes Einfühlungsvermögen und eine ausgeprägte Liebe zum Philosophischen. Korallenrot symbolisiert die Tiefe (das Korallenrot der Meerestiefe) und die Intuition im Menschen. Die Koralle besitzt beschützende Eigenschaften, ist aber selbst ebenfalls hoch empfindlich und bedarf selbst des Schutzes. Daher sieht Aura-Soma die Koralle als Symbol für den hochempfindlichen Menschen, der gerade im Aufbruch (oder Durch-

bruch) zu seinem eigenen Wesenskern begriffen ist, ohne jedoch das Mitempfinden für seine Mitmenschen dabei zu verlieren.
Manchmal wird Koralle auch von Menschen gewählt, die zwar zu tiefem Mitgefühl für andere Menschen oder ihre gesamte Umwelt fähig, aber nicht in der Lage sind, sich selbst gegenüber gleiche Gefühle aufzubringen. Häufig bilden verdrängte Schockerfahrungen oder alte Verletzungen den Grund dafür, und die Auswahl der Korallen-Flasche zeigt den Zeitpunkt an, sich endlich von diesen Altlasten zu befreien und Mitgefühl und Selbstliebe zu vereinen. Wird diese Botschaft übersehen, werden möglicherweise alte Fehler ständig wiederholt und Abhängigkeit oder Suchtverhalten nicht gelöst. Koralle beruhigt den Geist, der zwischen seiner männlichen und weiblichen Seite keinen Ausgleich zu finden vermag.
Sie wirkt ausgleichend und harmonisierend. Sie bringt das Denken in die Gefühle und die Vernunft in die Intuition. Das Korallenrot ist die Farbe des Ausgleichs, des Friedens und der inneren Harmonie.

Orange

Mit dem Orange betreten wir den Bereich des zweiten Chakras, des sogenannten Sakral-Chakras. Orange verbindet die Vitalität des Rot mit der kosmischen Lebenskraft des Gelb, die aus dem Solarplexus kommt.
Der orangefarbene Bereich umfaßt den Verdau-

ungsbereich, den Darm, die Blase und die Galle. Geistig gesehen ist dies der Bereich, in dem alles „verdaut" werden muß. Es ist der Bereich der instinktiven Gefühle und Erkenntnisse. Auch die Milz wird zum Bereich des Orange gerechnet, die in der esoterischen Anschauung als das Organ gilt, über das dem physischen Körper Energie aus feinstofflichen Bereichen zugeführt wird.
Das Orange steht als Zwischenglied zwischen dem Physischen und dem Spirituellen. Es kann die Meisterung des materiellen Bereiches anzeigen (etwa beim Kleinkind) und den Übergang von einem materiell ausgerichteten Bewußtsein zu einem spirituellen Leben. Im Orange kann sich ein tiefgreifender Transformationsprozeß vollziehen.
Im negativen Fall drückt das Orange ein nur schwach ausgeprägtes Selbstwertgefühl im Menschen aus, das im Extremfall in eine Depression ausarten kann. Bei derartigen Fällen muß das Orange als Mittel zur Stimulation und zur Belebung der körpereigenen Vitalität eingesetzt werden. Auch hier ist eine sorgfältige Beratung zu empfehlen.
Das Thema Beziehungen spielt beim Orange eine große Rolle. Über das Sakral-Chakra laufen die Verbindungen zu anderen Menschen, so daß eine ausgeprägte Wahl der Farbe Orange einen möglichen Problembereich andeuten kann. In etlichen Fällen konnte bei Aura-Soma-Patienten, vor allem wenn die Farbe am Anfang gewählt wurde, ein Trauma gelöst werden, das mit Vergewaltigung oder sexueller Mißhandlung in Verbindung stand.
Im positiven Sinne steht das Orange jedoch für schöpferische Kraft, Lebensfreude, Ausdauer und

Hingabe. Es drückt ein gesundes Gefühl für die eigene Sexualität und die Freude an sinnlichem Erleben aus.

Gold

Gold steht als Symbol für Stärke und Kraft. Menschen, die eine starke Neigung zur Farbe Gold besitzen, ruhen meist in ihrer eigenen Mitte und verfügen über ein ausgeprägtes Selbstwertgefühl. Gold wird im weitesten Sinne mit Wertvorstellungen und menschlicher Würde verbunden, im übertragenen Sinne auch mit Weisheit und Erkenntnis. Der alchemistische Prozeß des „Goldmachens" zielte in Wahrheit nicht auf die Erlangung materiellen Wohlstandes, sondern auf die Erlangung vollkommener geistiger Erkenntnis und Erleuchtung ab. Das Gold zielt somit auf einen Bereich jenseits des Materiellen.
Da nicht „alles Gold ist, was glänzt", kann im negativen Fall die Wahl von Gold auch auf einen Mangel an kritischer Urteilskraft hinweisen oder auf die Gefahr, zu leicht Illusionen oder Täuschungen zu unterliegen. Auch auf verborgene Ängste oder Befürchtungen kann das Gold hinweisen. Lagen diese im Gelb auf einer rationalen Ebene, so sind die Ängste auf der Ebene von Gold vollständig irrational. Hier wird die Aura-Soma-Behandlung darauf hinarbeiten, sich mit den eigenen Ängsten bewußt auseinanderzusetzen und tiefsitzende Verdrängungen ans Licht des Oberflächenbewußtseins zu holen.

Im positiven Bereich steht das Gold jedoch für menschliche Wärme, tiefe Einsicht und Lebensfreude. Es leuchtet aus den Herzen derjenigen Menschen, die das „geistige Gold" gefunden haben und nun bereit sind, es mit ihren Mitmenschen zu teilen. Es ist die Farbe der „Sonnen des Lebens", die auf alles scheint und es zu neuer Herrlichkeit erweckt.

Gelb

Gelb ist die Farbe des Solarplexus. Gelb steht wie Gold für die Sonne, und der Solarplexus gilt als das Sonnenzentrum des menschlichen Körpers. Gelb ist auch die Farbe der Lebenskraft, die die alten Inder Prana und die weisen Chinesen Chi nannten. Über das Solarplexus-Chakra wird diese Lebenskraft aufgenommen. Die Auswahl des Gelb zeigt in den meisten Fällen Menschen an, die voller Lebenskraft, geistiger Heiterkeit und Dynamik sind. Oft zeigt es auch Menschen an, die über einen regen Verstand verfügen und ausgeprägte intellektuelle Begabungen besitzen. Allgemein wird in der esoterischen Farbenlehre das Gelb mit allen mentalen Begabungen in Verbindung gebracht.
Gelb steht auch in Verbindung mit dem Frühling. Es ist die Farbe der Primeln und Osterglocken und drückt so die Wiedergeburt allen Lebens nach dem langen „Tod" des Winters aus. Gelb schenkt neue Lebenskräfte und regeneriert.
Da die gelbe Farbe den Gedankenbereich anregt, sollten Eltern, die die intellektuellen Fähigkeiten ihrer Kinder fördern möchten, deren Zimmer in

gelber Farbe anstreichen oder mit gelben Tapeten tapezieren.
Im negativen Sinne kann Gelb auch für starken Egoismus, Wichtigtuerei, Zynismus und sarkastisches Verhalten stehen. Auch Furcht kann über den Solarplexus ihren Ausdruck finden, was sich im Körper dann als Magenbeschwerden oder Nierenversagen zeigt. In der Regel können jene Ängste, die sich über das Gelb ausdrücken, aber durch gezielte geistige Kraftanstrengung überwunden werden.
Im positiven Sinne verkörpert der Gelb-Mensch allerdings Freude am Leben, eine überaus rasche Auffassungsgabe und ein hohes Maß an Intelligenz, die er mit einer sozialen Einstellung zum Wohle des Ganzen zu nutzen vermag.

Olivgrün

Das Olivgrün öffnet den Weg zum Herzen. Es drückt die Ausgewogenheit zwischen dem Verstand und den Gefühlen aus. Menschen, die das Olivgrün wählen, zeigen nicht nur großen Humor, sondern auch eine ausgeprägte Fähigkeit, über sich selbst lachen zu können.
Olivgrün ist die Farbe, die dem Menschen eine emotionale Kraft und Stärke verleiht. So wie der Olivenbaum über große Ausdauer verfügt, bis sich seine Wurzeln in den harten Boden gegraben haben, so muß auch der Mensch, der das Olivgrün wählt, Zähigkeit und Beharrlichkeit entfalten.
Dabei kommt es häufig darauf an, die höheren und

die niederen Aspekte des menschlichen Wesens zu vereinen. Das Olivgrün, als die Verbindung zwischen Solarplexus- und Herz-Chakra, leistet diese Arbeit. Es verknüpft das Dauerhafte mit dem Vergänglichen. Es gleicht Eigenliebe und Mitgefühl aus und vermittelt zwischen Intellekt und Gefühl.
Im negativen Fall kann Olivgrün allerdings auch auf einen unausgewogenen Charakter hinweisen, auf Neid oder Eifersucht. Hier gilt es bei der Auswahl der betreffenden Flaschen genau zu beachten, welche Botschaft sie wirklich enthalten.
Im positiven Sinne wirkt Olivgrün reinigend und beruhigend. Es schenkt Einsicht in den eigenen Lebensweg und Klarheit des Verstehens. Spirituelle Werte werden unzweifelhaft von materiellen Anhaftungen unterschieden, und bisher Unbewußtes wird in das klare Licht geistiger Erkenntnis gehoben.

Grün

Mit der Farbe Grün betreten wir das Herz-Chakra des Menschen, seinen Mittelpunkt. Von hier aus betrachtet liegen drei Zentren darunter und drei darüber. Philippa Merivale weist darauf hin, daß sich in diesem Bereich das Blau des Göttlichen mit dem Gelb des individuellen Willens vereint.
Grün drückt Lebensfreude und ein gewisses Urvertrauen aus. In der Farbe Grün wendet sich der Mensch dem Leben zu, drückt seine Hoffnungen für ein erfülltes Dasein aus und befindet sich in innerer Harmonie und Ausgeglichenheit. Über das

Grün des Herzens vollzieht sich die Kommunikation mit anderen Menschen, mit der Natur, mit dem Leben selbst. Grün ist auch die Farbe selbstloser Liebe, die aus einem geläuterten Herzen ausströmt. Grün ist auch eine Farbe der Ruhe, der inneren, vielleicht meditativen Gelassenheit, aus der dann Einsicht und Klarheit entspringt. Wenn das Grün klar ausgeprägt ist, zeigt es die Fähigkeit großer Entschlußkraft an.

Wenn das Herz-Chakra sich geöffnet hat, sind die großen Lebensängste zum Teil schon überwunden. Damit einher geht auch ein Gefühl innerer Befreiung, ein Bewußtsein von Ganzheit, das aber nicht mehr durch Abhängigkeiten getrübt wird. Der Mensch erkennt neue Verbindungen zwischen Mikrokosmos und Makrokosmos, begreift die große Einheit allen Lebens.

Von daher kann es nicht verwundern, daß viele „grüne" Bewegungen diese Ideale auf ihre Farben geschrieben haben, wie etwa die „Grünen Parteien" oder „Greenpeace".

Im negativen Sinn kann das Grün eine noch nicht überwundene Eifersucht oder auch Neid anzeigen. Vielfach gehen diese Tendenzen mit einem schwach ausgeprägten Selbstbewußtsein und unerkannten Lebensängsten einher.

Im positiven Sinn steht Grün als die Farbe des Herzens jedoch für menschliche Wärme, Gefühlstiefe und Mitgefühl.

Es zeigt Aktivität und Lebensdynamik an und den nach vorne gerichteten Blick, der gestaltende Kräfte und den Mut sowie die Energie für Veränderungen freisetzt.

TÜRKIS

Türkis schenkt der schöpferischen Kraft des Herzens Ausdruck durch die Innigkeit tiefer Gefühle. Das Rationale tritt gegenüber dem Emotionalen in den Hintergrund. Dabei kann sich Kommunikation auf der Ebene des Türkis in ganz unterschiedlicher Weise zeigen, durch Dialog oder durch meditatives Beisammensein. In jedem Fall wird ein großes Maß an Kreativität durch das Türkis freigesetzt, und der einzelne lernt, seine inneren Gedanken und seine idealistischen Ziele in der Welt auszudrücken und zur Verwirklichung zu bringen.
Türkis gilt als natürliche Weiterentwicklung der Rosa-Ebene, so daß ganz natürlich der Gefühlsbereich im Vordergrund stehen wird. Ihre ganze Wirkung können die Gefühle jedoch nur dann erzielen, wenn sie aus der reinen Innenwelt befreit und mitgeteilt werden. Deshalb muß zum Rosa der vollkommenen Innerlichkeit das Blau hinzukommen, um so im Türkis den Austausch und Dialog zu fördern. Türkis gilt auch als die Symbolfarbe für die Tiefen des Meeres und damit für die noch unerschlossenen Tiefen des menschlichen Unbewußten. Nur wer sich auf die Tiefen seiner Individualität einläßt, vermag auch jene Schätze zu heben, die in den „Abgründen des Meeres" verborgen schlummern.
Im negativen Sinn zeigt das Türkis die Probleme mit genau diesen Bereichen an. Die Gefühle werden unterdrückt, der Zugang zum Unbewußten verschüttet und die Tiefendimension des eigenen Wesens unbeachtet gelassen.

Im positiven Sinn dagegen führt der Weg über das Türkis zur Transformation der Empfindungen und zum „Ozean des universellen Bewußtseins".
Durch das Türkis führt der Weg in andere Reiche, etwa in die Welt der Engel. Der Mensch erkennt nun allmählich, daß die verschiedenen Welten nicht wirklich voneinander getrennt sind, sondern eine Trennung nur auf der Ebene des Bewußtseins vollzogen wird.

Blau

Mit der Farbe Blau betreten wir das fünfte Zentrum, das Kehlkopf-Chakra. Wir berühren den Himmel und den schöpferischen Ursprung allen Lebens. Blau ist die Farbe der göttlichen Welt, des Geistigen.
Blau ist auch die Farbe des inneren Friedens, der Stille, der Meditation. Während Rot anregt, beruhigt Blau. Aufgrund seiner besänftigenden Kraft ist Blau auch die Farbe der Heilung. Sie neutralisiert negative Kräfte oder hält als Schutzfarbe überhaupt negative Energien vom Menschen fern.
Blau, als die Farbe des Kehlkopf-Chakras, ist die vollkommene Farbe der Kommunikation, die sich im Türkis erst auf sehr gefühlsbetonte Weise abzuzeichnen beginnt. Im Blau erfolgt der Austausch auf der Ebene völliger gedanklicher Klarheit. Über das Blau betritt das Bewußtsein die Ebene des Weltgeistes, den Bereich des alles aufzeichnenden Weltgedächtnisses. Um diese Sphären zu berühren, müssen die Gedanken jedoch zuerst zu völliger

Ruhe gelangt sein. Das Bewußtsein gleicht dem unendlich klaren Blau des Himmels über dem tibetischen Hochland. Nur Stille spricht!
Blau ist auch die Farbe des göttlichen Liebesaspektes, weshalb die mütterlichen göttlichen Inkarnationen, wie etwa Maria oder die chinesische Göttin Kwan Yin, stets mit der blauen Farbe verbunden werden. Im negativen Sinn kann das Blau für Weltabgewandtheit, Depression oder auch Gefühlskälte stehen. Im zwischenmenschlichen Bereich kann es auf Frigidität oder Impotenz hindeuten, die häufig mit der Ablehnung eines Partners oder überhaupt anderer Menschen einhergehen.
Im positiven Sinn dagegen ist das Blau die Farbe der leuchtenden Ideale und göttlichen Prinzipien. Es ist die Farbe des Friedens, der alles Verstehen übersteigt, und das Symbol der Unendlichkeit der Welten. Nicht umsonst trägt die Balance-Flasche Nr. 2 (Blau/Blau) den Namen „Friedensflasche“!

Königsblau

Königsblau ist die Farbe des Abendhimmels. Es steht für die Zeit des Überganges von der physischen Welt in die geistige. Daher wird in der ägyptischen Tradition das Königsblau auch mit Nuit, der Königin der Nacht, in Verbindung gebracht. Es ist die Farbe der Träume, der nächtlichen Visionen und der inneren Wahrnehmungen. Daher wird es mit dem Brauen-Chakra in Verbindung gebracht, das seit jeher auch als „Drittes Auge“ bezeichnet wird.

Über das Königsblau vollziehen sich die Verfeinerungen aller sinnlichen Wahrnehmungen. Dies kann zu extremer Sensitivität bis hin zur Medialität führen. Hier ist der Bereich, in dem die Warnung von Vicky Walls Vater zum Tragen kommt, nicht „zu himmlisch" zu werden.
Zwar unterstützt das Königsblau den Weg vom Diesseits zum Jenseits, doch sollte er nur sehr bedacht und behutsam beschritten werden. Meditation und Mystik muß sich in der Welt erweisen. Auf den Bergen läßt sich trefflich heilig sein!
Das Königsblau steht auch für Führerschaft, für das königliche Prinzip insgesamt. Es ist jedoch die Führerschaft der Weisheit, nicht die Führerschaft aus dem reinen Machtprinzip heraus. Dabei kann den Führer auch ein Nimbus des Geheimnisvollen umgeben, der künstlich herbeigeführt oder echt sein kann. Im wahren Königsblau liegt die Ehrfurcht vor dem Mysterium, vor der Geisteskraft des wirklichen Weisen und Wissenden.
Im negativen Sinn kann das Königsblau für Arroganz, Weltverneinung und elitäre Überlegenheitsgefühle stehen.
Dann gilt es, über das wahre Blau wieder zu echter Demut und wahrer Bescheidenheit zurückzufinden.
Vom weisen „König" zum unterdrückenden Tyrann kann es manchmal nur ein Schritt sein. Idealismus und Fanatismus trennt manchmal nur ein schmaler Grat.
Im positiven Sinn dagegen steht das Königsblau für Wandel durch Transformation, für Kommunikation aus der Inspiration heraus. Königsblau ist die

Farbe des Alchemisten, der die innere Umwandlung vollzogen und den „Stein der Weisen" gefunden hat.

VIOLETT

Mit dem Violett betreten wir das siebte und höchste Chakra des Menschen, das Scheitel-Zentrum. Hier verbindet sich der Mensch mit dem geistigen Himmel.
Es ist die Farbe der Mystik, des Magischen und des Rätselhaften. Die Spiritualität hat sich hier zum vollkommenen Dienst am Menschen geläutert, und der Weise wirkt im Einklang mit dem großen kosmischen Lebensplan.
Mit dem Violett ist die Fähigkeit verbunden, in höhere Dimensionen zu schauen und fremde Reiche wahrzunehmen. Es ist die Farbe der Transzendenz. Die alten Inder sprachen in diesem Zusammenhang von „Akasha", dem Ätherreich, und meinten die Wirklichkeit hinter den Erscheinungen. Galt das Königsblau als die Farbe des Herrschers, so wurde das Violett mit dem Priester, dem Schamanen, dem Eingeweihten verknüpft. Ihm wurde die Fähigkeit zugesprochen, Himmel und Erde zu verbinden, den Geist hinab in die Materie zu bringen. Er besaß auch die Fähigkeit auszusöhnen und zu vergeben. Violett ist daher auch die Farbe des Ausgleichs, des Verzeihens und der läuternden Verwandlung.
Im negativen Sinn wird der Violett-Mensch noch vor der Stufe des Verzeihens verharren und in

Gedanken von Schuld, Leid und Trauer verfallen. Er flieht die Wirklichkeit, um nicht mit dem schmerzhaften Gefühl aus der Vergangenheit konfrontiert zu werden.
Im positiven Sinn dagegen zeigt das Violett das Ende des geistigen Weges auf der Stufe des siebten Chakras an. Die sieben menschlichen Energiezentren sind erweckt, die Transformation ist vollzogen, das Ende des Erdenweges zeichnet sich ab – der erleuchtete Mensch.

Magenta

Im Aura-Soma-Farbsystem wird über dem normalerweise gültigen siebenstufigen Chakra-System noch ein weiteres, gewissermaßen in Entstehung befindliches Zentrum angenommen, das außerhalb des physischen Körpers liegt. Diesem wird die Farbe Magenta zugeordnet. Es stellt gewissermaßen eine Verheißung für die Zukunft dar, wenn der erwachte Mensch seine körperlichen Begrenzungen einmal überwunden haben wird.
Vicky Wall benutzte die Magenta-Tinktur zur Heilung, da sie sie als stark desinfizierend und antiseptisch empfand. Von daher empfahl sie, mit dieser Farbe besonders sorgsam umzugehen.
Magenta gilt aber auch als die Verkörperung der Schönheit, weshalb ihr Fehlen über das Magenta als besonders schmerzlich empfunden wird. Es kann daher auch eine gewisse Sehnsucht nach dem Jenseitigen anzeigen, den Wunsch, der häßlichen, ungeliebten Welt einfach wegzusterben.

Magenta gilt als die Farbe einer neuen Zeit und wird ihre volle Bedeutung erst einer späteren Generation entschlüsseln.

Klar

Während Magenta die Verheißung der Zukunft enthält, drückt Klar die Vollendung des reinen Lichtes aus.
Klar reflektiert alles und stellt so den göttlichen Spiegel für alles Sein dar. Wer sich zum Klar hingezogen fühlt, will sich vielleicht endlich mit seinen „unerledigten Geschäften" auseinandersetzen und sich der Klarheit der Wirklichkeit stellen.
Klar verstärkt alle Aspekte und hat daher entscheidend mit der Intensität von Gefühlen, Verdrängungen, Gedanken und Idealen zu tun.
Die Klarheit des reinen Geistes wird gesucht, vor der keine Heimlichtuerei oder keine Lügen Bestand haben können.
Vor dem Klar leuchten alle Schatten in gnadenloser Deutlichkeit auf. So kann Klar für den endgültigen Aufbruch zur Wahrheit stehen, aber auch für die vollkommene Erschöpfung, für die völlige innere Leere.
Es dürfte aber niemandem schwerfallen, hier die beiden Extreme zu unterscheiden.
Am Ende des „Tunnels", wenn die Reise sich dem Ende zuneigt, leuchtet das „klare Licht" auf, das die Buddhisten als das vollkommene Licht der Erleuchtung bezeichnen.
Dieses Licht trafen auch alle jene an, die während

eine Nahtod-Erfahrung am Rand einer anderen Welt gestanden hatten.
Klar ist das reine Licht unseres göttlichen Sterns, der auch in der Dunkelheit den *Weg* erhält!

KAPITEL 4

Die Equilibrium-Flaschen

Die Aura und die Equilibrium-Flaschen

Die Balance-Flaschen oder mit dem neuen Namen genannt die Equilibrium-Flaschen stellen das Herzstück von Aura-Soma dar.
Es war Vicky Walls Beobachtung, daß in fast allen Fällen die Farbe der menschlichen Aura, die sie mit dem inneren Auge wahrnahm, mit der Farbe der ersten ausgewählten Equilibrium-Flasche übereinstimmte.
Offensichtlich wußte die Seele des Menschen, welche Farbe sie in der gegenwärtigen Entwicklungsphase am dringendsten benötigte.

Das Auswahlverfahren der Flaschen wurde bereits in Kapitel 2 beschrieben, so daß nachfolgend nur noch die Flaschen im einzelnen beschrieben werden müssen.
Dabei wird im einzelnen so vorgegangen, daß nach der Nummer (B steht dabei für Balance) zuerst die Farbe genannt wird und der Name der Flasche.
Anschließend wird die Zuordnung zum Tarot beschrieben, dann die Zahl in der Numerologie.
Im weiteren folgen dann die Zuordnung zu einem Chakra, die Grundthemen und der körperliche Bereich.

Den Abschluß bildet dann eine Affirmation, die dem Auswählenden noch einmal eine Inspiration zu „seiner" Flasche schenkt.
Sofern die Angaben von Vicky Wall vorliegen, wird deren Verwendung der Flasche angefügt. Später werden die weiterführenden Hinweise von Mike Booth aus seinem Grundlagenwerk „Das Aura-Soma-Tarot" herangezogen, die stärker die geistig-seelische Dimension der Flasche im Auge haben.

B 0

Königsblau/Tiefmagenta
Name: Spirituelle Erste Hilfe
Tarot: Der Narr
Numerologie: Die Null
Chakra: Scheitel-Chakra
Grundthema: Die praktische Umsetzung der Intuition
Körper: Die Atemwege, die rechte Schulter, der Nacken und die rechte Gesichtshälfte. Hilft, in allen diesen Bereichen Spannungen zu lösen. Hat sich auch bei Kopfschmerzen und Migräne bewährt.
Affirmation: Ich lerne, das Leben zu lieben.

B 1

Blau/Tiefmagenta
Name: Körperliche Erste Hilfe
Tarot: Der Magier
Numerologie: Die Eins
Chakra: Brauen-Chakra und Scheitel-Chakra
Grundthema: Die Umsetzung der spirituellen Fähigkeiten im alltäglichen Leben.
Körper: Das Gehirn und das Nervensystem, auch die linke Gesichtshälfte und der Nacken. Das Öl sollte im Kopfbereich aufgetragen werden, kann aber auch gegen Bronchitis eingesetzt werden. Gute Erfahrungen auch bei Nervenschmerzen oder Ischias-Problemen.
Affirmation: Alles ist in mir.
Vicky Wall: B 1 lindert Verbrennungen, Prellungen, Schlaflosigkeit, Durchfall und Bluthochdruck.

B 2

Blau/Blau
Name: Friedensflasche
Tarot: Die Hohepriesterin
Numerologie: Die Zwei
Chakra: Kehlkopf-Chakra
Grundthema: Die Herstellung der inneren Harmonie.
Körper: Der Atem und das Lymphsystem, bei allen Formen von Schilddrüsenerkrankungen. Die Flasche B 2 steht auch in enger Verbindung zum Menstruationszyklus der Frau.
Affirmation: Durch mein Einatmen und Ausatmen breitet sich Frieden in mir aus.
Vicky Wall: B 2 ist hilfreich bei gestreßten Geschäftsleuten und bei ängstlichen, werdenden Vätern. Es kann bei Kinderkrankheiten eingesetzt werden und hilft beim Zahnen.

B 3

Blau/Grün
Name: Herzflasche
Tarot: Die Herrscherin
Numerologie: Die Drei
Chakra: Herz-Chakra
Grundthema: Die Heilung des Herzens auf allen Ebenen.
Körper: Das Herz und die Fortpflanzungsorgane. Die Flasche B 3 befaßt sich vor allem mit den Auswirkungen von starken Gefühlsbewegungen auf den menschlichen Körper.

Affirmation: Ich lebe Liebe und Aufrichtigkeit.
Vicky Wall: B 3 ist hilfreich bei Hautausschlägen im Brustbereich und bei Beschwerden mit dem Herzen ganz allgemeiner Natur. Es ist nach Vicky Walls Erfahrungen ebenfalls wirksam bei Problemen mit den Atemwegen wie Bronchitis oder Angina pectoris sowie bei Asthma.

B 4

Gelb/Gold
Name: Sonnenflasche
Tarot: Der Herrscher
Numerologie: Die Vier
Chakra: Solarplexus-Chakra
Grundthema: Die Erhellung des Weges nach innen.
Körper: Der Solarplexus, das Nervensystem und die Nieren. Ebenfalls berührt von B 4 werden der Kreislauf und die Fußgelenke.
Affirmation: Ich fühle mich sicher und geborgen.
Vicky Wall: B 4 ist nützlich bei Problemen mit der Verdauung sowie bei Übelkeit und Seekrankheit. Vicky Wall empfahl B 4 auch bei Diabetes, Arthritis und bei allen Arten von Ängsten.

B 5

Gelb/Rot
Name: Sonnenaufgangs-/Sonnenuntergangsflasche
Tarot: Der Hierophant
Numerologie: Die Fünf
Chakra: Basis-Chakra

Grundthema: Hilfreich bei der Nutzung der vorhandenen Lebensenergie.
Körper: Die Kehle, das Genick und das Gehör. B 5 steht auch in Verbindung mit den Fortpflanzungsorganen, und Mike Booth vermutet ebenfalls eine Verbindung zur Bauchspeicheldrüse.
Affirmation: Ich lasse Freude in mein Herz.
Vicky Wall: Hilfreich bei Impotenz und Menstruationsproblemen sowie bei Unfruchtbarkeit. Vicky Wall empfahl B 5 auch bei Verstopfung und Blasenproblemen.

B 6

Rot/Rot
Name: Energie-Flasche
Tarot: Die Liebenden
Numerologie: Die Sechs
Chakra: Basis-Chakra
Grundthema: Bedingungslose Liebe
Körper: Die Fortpflanzungsorgane und die Nieren, Lunge, Schulter und alle Organe, die den Geruchssinn bestimmen.
Affirmation: Ich lasse Liebe in alle meine Handlungen einfließen.
Vicky Wall: Hilfreich bei Impotenz. Vicky Wall empfahl B 6 auch bei Frostbeulen, ständigem Frieren und bei Muskelkrämpfen.

B 7

Gelb/Grün
Name: Der Garten von Gethsemane

Tarot: Der Wagen
Numerologie: Die Sieben
Chakra: Herz-Chakra und Solarplexus-Chakra
Grundthema: Hilfe, um zur inneren Wahrheit zu gelangen.
Körper: Die Brust, das Herz, der Magen und der Solarplexus.
Affirmation: Ich setze meine Grenzen so, wie ich es für richtig halte.
Vicky Wall: Hilfreich bei allen Formen von Ängsten, ganz besonders bei Platzangst. Vicky Wall setzte es auch zur Stärkung der Thymusdrüse, des Knochenbaus und als Abführmittel ein.

B 8

Gelb/Blau
Name: Anubis
Tarot: Die Gerechtigkeit
Numerologie: Die Acht
Chakra: Solarplexus-, Herz- und Kehlkopf-Chakra
Grundthema: Zwiespalt zwischen Denken und Fühlen.
Körper: Das endokrine Drüsensystem, die Nebennieren, die Nieren und allgemein die Haut.
Affirmation: Ich lebe heute, und nur heute kann ich etwas ändern.
Vicky Wall: Zur Auflösung von Neurosen und zur Überwindung des Stotterns. Vicky Wall setzte die Flasche B 8 auch bei Magen- und Verdauungsstörungen ein.

B 9

Türkis/Grün
Name: Das Herz im Herz
Tarot: Der Eremit
Numerologie: Die Neun
Chakra: Herz-Chakra
Grundthema: Das Finden der persönlichen Wahrheit.
Körper: Die Thymusdrüse, das Herz und der Verdauungsbereich.
Affirmation: Ich höre auf die Wahrheit meiner inneren Stimme.
Vicky Wall: In allen körperlichen oder mentalen Notfällen, wie etwa bei Depression, Epilepsie, Asthma oder traumatischen Erfahrungen. Vicky Wall setzte die Flasche B 9 auch vorbeugend ein, um traumatische Nachwirkungen schon vor ihrem Entstehen zu verhindern.

B 10

Grün/Grün
Name: Geh, umarme einen Baum
Tarot: Das Rad des Schicksals
Numerologie: Die Zehn
Chakra: Herz-Chakra
Grundthema: Das Herbeiführen von Entscheidungen.
Körper: Der Kreislauf und das Blut.
Affirmation: Ich tue das, was nötig ist.
Vicky Wall: Hilft, die innere Mitte zu finden und Entscheidungen zu treffen. Vicky Wall setzte B 10

nach Operationen und zur Überwindung von Schocks sowie zur Bekämpfung bösartiger Zellen ein. Auch zur Überwindung von Erschöpfungszuständen erwies sich B 10 als hilfreich.

B 11

Klar/Pink
Name: I. Essener Flasche
Tarot: Die Kraft
Numerologie: Die Elf
Chakra: Basis-, Herz- und Kehlkopf-Chakra
Grundthema: Die Erfahrung bedingungsloser Liebe.
Körper: Das Herz, die Wirbelsäule und die Fortpflanzungsorgane.
Affirmation: So wie ich bin, bin ich richtig.
Vicky Wall: Eine Flasche für die Kinder des neuen Zeitalters. Vicky Wall setzte es besonders als geistigen Schutz für Mädchen ein. Bei Erwachsenen kann es helfen, ungelöste Kindheitsprobleme zu lösen.

B 12

Klar/Blau
Name: Friede in der neuen Zeit
Tarot: Der Gehängte
Numerologie: Die Zwölf
Chakra: Kehlkopf-Chakra
Grundthema: Klare und liebevolle Verständigung.
Körper: Alle körperlichen Organe, die mit der Aufnahme und Verdauung der Nahrung befaßt sind. Die Umsetzung von Licht (Prana) und Energie.

Affirmation: Durch Klarheit und Liebe komme ich zum Licht.
Vicky Wall: Eine weitere Flasche für die Kinder des neuen Zeitalters.
Vicky Wall setzte es besonders bei Jungen ein, wenn diese übermäßig aktiv oder gar aggressiv auftraten.
Allgemein verwandte sie es bei Kindern, die an Infektionen erkrankt waren oder unter hohem Fieber litten.

B 13

Klar/Grün
Name: Veränderung in der neuen Zeit
Tarot: Der Tod
Numerologie: Die Dreizehn
Chakra: Herz-Chakra
Grundthema: Veränderung und Neuanfang.
Körper: Das Fortpflanzungssystem, das Herz und der Brustbereich.
Affirmation: Ich wachse mit jeder Veränderung.
Vicky Wall: Eine weitere Flasche für die Kinder des neuen Zeitalters.
Vicky Wall setzte es bei Kindern ein, die anfingen, sich ihren eigenen Lebensbereich zu schaffen.
Bei Erwachsenen hilft es, mit klaustrophobischen Anfällen besser umgehen zu lernen.

B 14

Klar/Gold
Name: Weisheit des neuen Zeitalters

Tarot: Die Mäßigkeit
Numerologie: Die Vierzehn
Chakra: Solarplexus-Chakra
Grundthema: Die Reinigung zur Aufnahme spiritueller Weisheit.
Körper: Die Hüften und die Schenkel.
Affirmation: Ich lasse meine Seele wachsen, indem ich meine Angst loslasse.
Vicky Wall: Eine weitere Flasche für die Kinder des neuen Zeitalters. Vicky Wall setzte es am Anfang der Schulzeit ein, um den Kindern das Schließen erster Freundschaften zu erleichtern. Später gab sie es auch Jugendlichen am Anfang der Pubertät. Bei Erwachsenen trägt es insgesamt zu einer Harmonisierung der Persönlichkeit bei.

B 15

Klar/Violett
Name: Heilung im neuen Zeitalter
Tarot: Der Teufel
Numerologie: Die Fünfzehn
Chakra: Scheitel-Chakra
Grundthema: Hilfreich, um spirituelle Stärke zu erlangen.
Körper: Die Knie. Im übertragenen Sinne die „weichen Knie“, die den Menschen davon abhalten, seinen eigenen Weg entschlossen fortzusetzen.
Affirmation: Je klarer ich sehe, desto mehr wachsen meine Heilungskräfte.
Vicky Wall: Die vorletzte Flasche für die Kinder des neuen Zeitalters.
Vicky Wall setzte B 15 bei Heranwachsenden ein,

um ihre Verbindung zu geistigen Welten nicht abreißen zu lassen.
Bei Erwachsenen wirkt es klärend auf dem inneren Weg und in der Meditation. Hilfreich auch bei allen Suchtkrankheiten.

B 16

Violett/Violett
Name: Das violette Gewand
Tarot: Der Turm
Numerologie: Die Sechzehn
Chakra: Scheitel-Chakra
Grundthema: Göttliche Erfüllung
Körper: Die Muskulatur
Affirmation: Je besser ich meine Lebensaufgabe kenne, desto leichter wird mein Leben.
Vicky Wall: Ein geistiger Schutz gegen negative Energien aus allen Bereichen.
Die letzte Flasche für die Kinder des neuen Zeitalters.
Vicky Wall setzte B 16 als geistige Schutzflasche bei Kindern stets dann ein, wenn ein Neuanfang bevorstand.

B 17

Grün/Violett
Name: I. Troubadour-Flasche
Tarot: Der Stern
Numerologie: Die Siebzehn
Chakra: Herz- und Kehlkopf-Chakra
Grundthema: Heilung des Herzens

Körper: Die Unterschenkel, die Fußknöchel und der Kreislauf.
Affirmation: Die Wahrheit ist in mir.
Vicky Wall: Bei Menschen, die an einer „unheilbaren“ Krankheit erkrankt sein sollen.
Vicky Wall setzte diese Flasche bei Menschen ein, die aufgrund einer negativen Diagnose alle Hoffnung aufgeben wollten. Hilfreich auch bei psychosomatischen Erkrankungen und bei Depressionen.

B 18

Gelb/Violett
Name: I. Ägyptische Flasche
Tarot: Der Mond
Numerologie: Die Achtzehn
Chakra: Solarplexus- und Scheitel-Chakra
Grundthema: Selbsterkenntnis
Körper: Die Füße und die Beine.
Affirmation: Ich lasse meine Angst los.
Vicky Wall: Die Vorbereitung für die bedingungslose Liebe und die Auflösung von Ängsten. Nach Vicky Walls Erfahrungen zeigte B 18 außerordentlich positive Wirkungen bei Multipler Sklerose und der Parkinsonschen Krankheit.

B 19

Rot/Violett
Name: In der materiellen Welt leben
Tarot: Die Sonne
Numerologie: Die Neunzehn
Chakra: Basis- und Scheitel-Chakra

Grundthema: Das Auftanken von neuer Energie.
Körper: Das Herz und das Kreislaufsystem.
Affirmation: Ich liebe mich und mein Leben.
Vicky Wall: Zum Schutz von Störfeldern oder negativen geistigen Einflüssen.
Vicky Wall empfahl B 19 bei Anämie und sogar bei Leukämie. Auch bei Mineralmangel und bei Hormonstörungen stellte sie positive Auswirkungen fest.

B 20

Blau/Pink
Name: Sternenkind. Kinder-„Erste Hilfe"
Tarot: Das Gericht
Numerologie: Die Zwanzig
Chakra: Alle Chakras
Grundthema: Heilung des inneren Kindes. Hilft Kindern in allen Lebenslagen.
Körper: Der Kreislauf und die Fortpflanzungsorgane.
Affirmation: Selbstlose Liebe macht mich frei.
Vicky Wall: Eine ganz besondere Flasche, die den Ausgleich von Yin und Yang, von männlichem und weiblichem Prinzip fördert. Für Vicky Wall war B 20 ein Öl zur Bewußtwerdung. Es wurde im Aura-Soma-System auch als das „Rescue-Öl für das Kind des neuen Zeitalters" bekannt. Vicky Wall empfahl es auch Müttern während der Schwangerschaft.

B 21

Grün/Pink
Name: Neubeginn für Liebe
Tarot: Die Welt
Numerologie: Die Einundzwanzig
Chakra: Basis- und Herz-Chakra
Grundthema: Neubeginn der Liebe
Körper: Die Struktur des Skeletts und die Knochen, sämtliche anorganischen Aspekte des Menschen.
Affirmation: Liebe durchdringt mein Herz.
Vicky Wall: Rosa beruhigt die Aggressionen. Vicky Wall setzte B 21 auch bei epileptischen Anfällen ein, da Rosa die Heftigkeit des Anfalls und Grün den Krampf bekämpft. Sie empfahl es auch nach Operationen, die zu Amputationen geführt hatten.

B 22

Gelb/Pink
Name: Rebirther
Tarot: Der Narr
Numerologie: Die Zweiundzwanzig
Chakra: Solarplexus-Chakra
Grundthema: Liebe, ohne Forderungen zu stellen.
Körper: Die Atemwege, die rechte Schulter sowie das Genick.
Affirmation: Ich schenke Liebe ohne Erwartung.
Vicky Wall: Die Flasche des Neuanfangs und der inneren Wiedergeburt. Vicky Wall empfahl diese Flasche bei hormonellen Beschwerden und im Klimakterium. Auch bei Verdauungsbeschwerden setzte sie B 22 ein.

B 23

Rosenpink/Pink
Name: Liebe und Licht
Tarot: Der König der Stäbe
Numerologie: Die Dreiundzwanzig
Chakra: Basis- und Scheitel-Chakra
Grundthema: Die Fähigkeit, sich auch selbst zu lieben.
Körper: Hilfreich bei Allergien und Problemen mit den Drüsen.
Affirmation: Ich akzeptiere mich und nehme Liebe an.
Vicky Wall: Lösung von der Vergangenheit und Selbstvergebung. Vicky Wall setzte diese Flasche zur Überwindung von starken Aggressionen ein. Hilfreich erwies sich die Flasche auch bei Epileptikern.

B 24

Violett/Türkis
Name: Neue Botschaft
Tarot: Die Königin der Stäbe
Numerologie: Die Vierundzwanzig
Chakra: Herz- und Scheitel-Chakra
Grundthema: Neue Wege beschreiten.
Körper: Probleme im Bereich des Herzens und mit den Drüsen.
Affirmation: Ich bin offen für neue Botschaften.
Mike Booth: Es besteht die Neigung, Freude und Leid überzubewerten. B 24 zeigt an, daß die Themen Mißtrauen, Eifersucht und unterdrückte Gefühle zu bearbeiten sind.

B 25

Purpur/Magenta
Name: Rekonvaleszenz-Flasche
Tarot: Der Ritter der Stäbe
Numerologie: Die Fünfundzwanzig
Chakra: Scheitel-Chakra
Grundthema: Die Überwindung von Enttäuschungen.
Körper: Die Regeneration des Körpers nach langer Krankheit oder nach schweren Operationen. B 25 hilft, das Immunsystem zu stärken.
Affirmation: Ich überwinde meine Enttäuschung.
Vicky Wall: Neben der Nachsorge nach Operationen oder Krankheiten setzte Vicky Wall B 25 auch zur Verbesserung des Kalium/Natrium-Haushaltes ein.
Außerdem empfand sie es hilfreich beim Erkennen von illusionärem Denken und Empfinden.

B 26

Orange/Orange
Name: Schock-Flasche. Ätherische „Erste Hilfe"
Tarot: Der Page der Stäbe
Numerologie: Die Sechsundzwanzig
Chakra: Sakral-Chakra
Grundthema: Der Schock und seine Folgen.
Körper: Bei Muskelverspannungen oder allgemeinen muskulären Problemen und bei Schwierigkeiten im Gallenbereich.
Affirmation: Jede Veränderung geschieht zu meinem Besten.

Vicky Wall: Bei nervöser Erschöpfung oder unterdrückten Ängsten.
Vicky Wall setzte B 26 auch bei Hormonstörungen und Hautproblemen ein sowie bei Schwierigkeiten mit der Verdauung.

B 27

Rot/Grün
Name: Robin-Hood-Flasche
Tarot: Die Zehn der Stäbe
Numerologie: Die Siebenundzwanzig
Chakra: Basis- und Herz-Chakra
Grundthema: Die Entwicklung des Durchsetzungsvermögens.
Körper: Zur Förderung und Stärkung des Immunsystems.
Affirmation: Alles klärt sich.
Vicky Wall: Die Entfaltung des männlichen Prinzips, die vor allem darin besteht, auch die weibliche Seite zuzulassen.

B 28

Grün/Rot
Name: Maid-Marion-Flasche
Tarot: Die Neun der Stäbe
Numerologie: Die Achtundzwanzig
Chakra: Basis- und Herz-Chakra
Grundthema: Kraft sammeln, um Neues zu beginnen.
Körper: Zur Förderung des Immunsystems.
Vicky Wall: Die Entfaltung des weiblichen Prinzips,

die vor allem darin besteht, auch die männliche Seite zuzulassen.

B 29

Rot/Blau
Name: Steh auf und wandle
Tarot: Die Acht der Stäbe
Numerologie: Die Neunundzwanzig
Chakra: Basis- und Kehlkopf-Chakra
Grundthema: Klarheit ins eigene Leben bringen.
Körper: Die Regeneration bei körperlicher Erschöpfung. Außerdem hilft B 29, die körpereigene Hormonproduktion neu zu aktivieren.
Affirmation: Meine Seele kommt zur Ruhe.
Vicky Wall: Zur Unterstützung bei Yoga-Übungen, Heilbehandlung und in der Meditation. B 29 ergibt geschüttelt ein Violett, das sich hervorragend bei Heilungen eignet. Außerdem beobachtete Vicky Wall, daß B 29 geistigen Schutz für Behandler und gegen negative Umwelteinflüsse bot.

B 30

Blau/Rot
Name: Den Himmel auf die Erde bringen
Tarot: Die Sieben der Stäbe
Numerologie: Die Dreißig
Chakra: Basis- und Kehlkopf-Chakra
Grundthema: Durch geistigen Austausch neue Energie bekommen.
Körper: Ein gutes Mittel bei Kopfschmerzen und Migräne sowie bei Überfunktion der Schilddrüse.

Auch hilfreich bei Schwierigkeiten im Geschlechtsbereich.
Affirmation: Meine Gefühle und meine Gedanken sind eins.
Vicky Wall: Zur Unterstützung bei Yoga-Übungen, Heilbehandlungen und in der Meditation. B 30 ergibt geschüttelt ein Violett, das sich hervorragend bei Heilungen eignet. Außerdem beobachtete Vicky Wall, daß B 30 geistigen Schutz für Behandler und gegen negative Umwelteinflüsse bot.

B 31

Grün/Gold
Name: Die Fontäne
Tarot: Die Sechs der Stäbe
Numerologie: Die Einunddreißig
Chakra: Herz- und Solarplexus-Chakra
Grundthema: Die Heilung von tiefsitzenden Ängsten.
Körper: Über das Herz-Chakra hilft B 31 bei Herzproblemen. Es steht auch in Verbindung mit inneren Organen, wie Niere und Leber, und zeigt positive Wirkung bei Hautproblemen.
Affirmation: Die Sonne erhellt mein Herz.
Vicky Wall: Fördert die Entscheidungskraft und die tiefschürfende Einsicht in Probleme. Vicky Wall empfahl B 31 besonders bei der Aufarbeitung schmerzhafter innerer Probleme oder zur Lösung lange verdrängter Traumata.

B 32

Königsblau/Gold
Name: Sophia
Tarot: Die Fünf der Stäbe
Numerologie: Die Zweiunddreißig
Chakra: Solarplexus- und Brauen-Chakra (Drittes Auge)
Grundthema: Das Kennenlernen der eigenen inneren Weisheit.
Körper: Bei Problemen mit den inneren Organen, speziell im Verdauungsbereich und Ausscheidungstrakt. Kann auch zur Verbesserung der Bauchspeicheldrüsenfunktion eingesetzt werden.
Affirmation: Freude und Klarheit ist in mir.
Vicky Wall: Stellt die Verbindung mit dem Wissen und der Weisheit alter Kulturen her. Vicky Wall empfahl es auch zur Unterstützung der Meditation und zur Entfaltung geistiger Fähigkeiten. Es unterstützt durch die Entspannung auch den Abbau von Streß. Im akuten Fall setzte es Vicky Wall bei Halsentzündungen ein.

B 33

Königsblau/Türkis
Name: Delphin
Tarot: Die Vier der Stäbe
Numerologie: Die Dreiunddreißig
Chakra: Herz-Chakra und Drittes Auge
Grundthema: Friedliche Kommunikation
Körper: Im Bereich der Augen, bei Netzhautproblemen und allgemeinen Sehstörungen.

Affirmation: Ich diene dem Frieden.
Vicky Wall: Neben den Augen auch hilfreich im Bereich des Hals-Chakras. Vicky Wall verwendete es zusammen mit B 32 bei Halsentzündungen.

B 34

Pink/Türkis
Name: Die Geburt der Venus
Tarot: Die Drei der Stäbe
Numerologie: Die Vierunddreißig
Chakra: Herz- und Basis-Chakra
Grundthema: Die Vereinigung aller Gegensätze.
Körper: Allgemein bei Unterleibsproblemen von Frauen, speziell mit der Menstruation. Auch bei starker Hormonausschüttung, etwa in der Pubertät, sehr hilfreich.
Affirmation: So bin ich!
Vicky Wall: Zur Schaffung geistiger Freiräume. Im körperlichen Bereich empfahl Vicky Wall B 34 vor allem für Asthmatiker. Allgemein hilft B 34, Ungleichgewichte bei einzelnen Chakras auszugleichen.

B 35

Pink/Violett
Name: Freundlichkeit
Tarot: Die Zwei der Stäbe
Numerologie: Die Fünfunddreißig
Chakra: Basis- und Scheitel-Chakra
Grundthema: Durch Liebe dem Spirituellen näherkommen.

Körper: Bei Kopfschmerzen, Migräne und Problemen im Brustraum. Auch bei Störungen im Schlafrhythmus hat es sich als hilfreich erwiesen.
Affirmation: Meine Seele und mein Geist erneuern sich.
Vicky Wall: Violett steht für die Hingabe an den *Geist*. Vicky Wall nannte B 35 eine „seelenbewegende Kombination“.
Es schützt spirituelle Menschen vor Aggressionen und kann zur Balancierung auf alle Chakras aufgetragen werden.

B 36

Violett/Pink
Name: Nächstenliebe
Tarot: Das As der Stäbe
Numerologie: Die Sechsunddreißig
Chakra: Basis- und Scheitel-Chakra
Grundthema: Göttliche Liebe
Körper: Bei allgemeinen starken Schmerzempfindungen, speziell bei krampfartigen Kopfschmerzen und Migräne-Anfällen.
Affirmation: Mein Inneres wird geheilt.
Vicky Wall: Zur Erweiterung des Bewußtseins. Es schafft innere Ruhe und Ausgeglichenheit, öffnet für höhere Dimensionen und hilft sanft bei allen körperlichen und seelischen Notfällen.

B 37

Violett/Blau
Name: Der Schutzengel kommt auf die Erde

Tarot: Der König der Kelche
Numerologie: Die Siebenunddreißig
Chakra: Scheitel- und Kehlkopf-Chakra
Grundthema: Aufbauende und schützende Energien entfalten.
Körper: Bei Verspannungen im Bereich des Kopfes und im Nacken-Schulter-Bereich.
Affirmation: Ich denke, und ich rede klar.
Mike Booth: Die Fähigkeit, alte emotionale Muster aufzulösen. Das Bewußtsein kann auch auf eine höhere Ebene ausgerichtet werden.

B 38

Violett/Grün
Name: II. Troubadour-Flasche
Tarot: Die Königin der Kelche
Numerologie: Die Achtunddreißig
Chakra: Herz- und Scheitel-Chakra
Grundthema: Vom Denken zum Fühlen gelangen.
Körper: Bei Depressionen, Schwermütigkeit und allen psychosomatischen Krankheiten. Auch bei Rheuma und Arthritis.
Affirmation: Ich erkenne meine Gefühle an.
Mike Booth: Zur Überwindung spiritueller Enttäuschungen und zur Auflösung von Neid, Gier und Eifersucht. Mike Booth setzte B 38 auch zur Heilung des Herzens ein.

B 39

Violett/Gold
Name: II. Ägyptische Flasche

Tarot: Der Ritter der Kelche
Numerologie: Die Neununddreißig
Chakra: Solarplexus- und Scheitel-Chakra
Grundthema: Die Heilung von tiefsitzenden Ängsten.
Körper: Bei Problemen im Darmbereich und allgemein bei Verdauungsschwierigkeiten sowie bei Hauterkrankungen und Psoriasis.
Affirmation: Friede durchdringt meine Seele.
Mike Booth: Zur Überwindung von Vorurteilen und zur Anerkennung der eigenen Ehrlichkeit. Mike Booth setzte B 39 auch zur Lösung alter Ängste ein.

B 40

Rot/Gold
Name: Ich bin
Tarot: Der Page der Kelche
Numerologie: Die Vierzig
Chakra: Basis- und Solarplexus-Chakra
Grundthema: Selbsterkenntnis
Körper: Bei sehr empfindlichem Magen und bei überempfindlicher, leicht entzündlicher Haut. Kann auch bei Schulter-Arm-Syndrom eingesetzt werden.
Affirmation: Ich liebe das Leben.
Mike Booth: Zur Überwindung von Selbstverurteilung und daraus resultierenden Ängsten. Mike Booth setzte B 40 auch ein, um zur Selbsterkenntnis zu finden.

B 41

Gold/Gold
Name: Weisheitsflasche. El Dorado
Tarot: Die Zehn der Kelche
Numerologie: Die Einundvierzig
Chakra: Solarplexus-Chakra
Grundthema: Anpassung
Körper: Bei Beschwerden der Ausscheidungsorgane, speziell der Nieren. Es hilft bei Entgiftungsproblemen, vor allem wenn davon die Haut besonders betroffen ist.
Affirmation: Ich ernte, was ich gesät habe.
Mike Booth: Zur Überwindung von Selbstzweifeln und zur emotionalen Öffnung. Mike Booth empfahl B 41 auch bei der Überwindung innerer Blockaden.

B 42

Gelb/Gelb
Name: Die Ernte
Tarot: Die Neun der Kelche
Numerologie: Die Zweiundvierzig
Chakra: Solarplexus-Chakra
Grundthema: Spontaneität und Lebensfreude
Körper: Zur Unterstützung der Verdauungstätigkeit im Darmbereich und zur Entgiftung der Leber. Auch sehr beruhigend bei Streß und nervlicher Überbelastung.
Affirmation: Ich erkenne mich mit Freude.
Mike Booth: Bei einem Mangel an Selbsterkenntnis. Zur Überwindung der Vorspiegelung eines falschen Wohlbefindens. Zur Lösung von Furcht und Angst.

B 43

Türkis/Türkis
Name: Kreativität
Tarot: Die Acht der Kelche
Numerologie: Die Dreiundvierzig
Chakra: Herz-Chakra
Grundthema: Kreative Ausdrucksformen finden.
Körper: Bei Entzündungen im Bereich der oberen Atemwege, bei Bronchitis und bei Lungenschmerzen.
Affirmation: Die volle Energie fließt.
Mike Booth: Die Annahme der eigenen inneren Bedürfnisse.

B 44

Lila/Blaßblau
Name: Der Schutzengel
Tarot: Die Sieben der Kelche
Numerologie: Die Vierundvierzig
Chakra: Kehlkopf- und Kronen-Chakra
Grundthema: Inneren Frieden finden.
Körper: Bei psychosomatischen Erkrankungen und Rückenschmerzen, vor allem auch im Nackenbereich.
Affirmation: Ich erhalte alles zur richtigen Zeit.
Mike Booth: Die Veränderung des negativen Denkens. Der Aufbruch zu einer neuen, gesunden Lebenseinstellung und der ungetrübte Blick auf die Wirklichkeiten des Lebens.

B 45

Türkis/Magenta
Name: Atem der Liebe
Tarot: Die Sechs der Kelche
Numerologie: Die Fünfundvierzig
Chakra: Basis-, Herz- und Scheitel-Chakra
Grundthema: Gegenseitiger Austausch in der Liebe.
Körper: Die Auflösung von nervlicher Anspannung und Streß, die negative Auswirkungen auf das Herz zeitigen können.
Affirmation: Alles hat seine eigene Sicherheit.
Mike Booth: Die Lösung von alten Mustern aus der Vergangenheit; der Blick wird nach vorne gerichtet; der Aufbruch zu neuen Ufern. Die Entwicklung geistiger Fähigkeiten.

B 46

Grün/Magenta
Name: Der Wanderer
Tarot: Die Fünf der Kelche
Numerologie: Die Sechsundvierzig
Chakra: Herz- und Scheitel-Chakra
Grundthema: Ein Neubeginn für die Liebe.
Körper: Bei allen Unterleibsbeschwerden; speziell bei schmerzhaften Menstruationen bei Frauen. Positive Erfahrungen auch bei Candida (Pilzerkrankung im Darm).
Affirmation: In meinem Herzen blüht die Liebe.
Mike Booth: Das neue Entdecken eigener innerer Stärke und Liebe. Auf dem Weg nach innen hilft

B 46, eine neue Kreativität zu entdecken und Mitgefühl zu entfalten.

B 47

Königsblau/Zitronengelb
Name: Alte Seele
Tarot: Die Vier der Kelche
Numerologie: Die Siebenundvierzig
Chakra: Solarplexus-, Herz- und Brauen-Chakra (Drittes Auge)
Grundthema: Der Ausgleich zwischen Gefühl und Intellekt.
Körper: Bei Beschwerden mit dem Knochengerüst, speziell bei Rücken- und Bandscheibenproblemen.
Affirmation: Ich nutze meine Fähigkeiten.
Mike Booth: Zur Heilung von Herzbeschwerden und zur Freisetzung der eigenen intuitiven Fähigkeiten. Die Erlangung eines klaren Bewußtseins.

B 48

Violett/Klar
Name: Flügel der Heilung
Tarot: Die Drei der Kelche
Numerologie: Die Achtundvierzig
Chakra: Scheitel-Chakra
Grundthema: Die Erkenntnis der eigenen Lebensaufgabe.
Körper: Zur allgemeinen Entgiftung des Körpers. Auch zur Reinigung nach infektiösen Erkrankungen.
Affirmation: Das Licht bringt Freude.

Mike Booth: Die Entfaltung inneren Glücklichseins und liebevoller Zuwendung. Die Erkenntnis, daß der Dienst am Nächsten die wahre Liebe entfaltet.

B 49

Türkis/Violett
Name: Neuer Bote
Tarot: Die Zwei der Kelche
Numerologie: Die Neunundvierzig
Chakra: Herz- und Scheitel-Chakra
Grundthema: Den Ausdruck für die eigenen Gefühle finden.
Körper: Bei Erkrankungen im Nasenbereich (Polypen) und bei Vereiterungen der Stirnhöhle. Auch bei Verspannungen im oberen Rückenbereich.
Affirmation: Die Liebe kommt zu mir.
Mike Booth: Die Seele sucht nach spirituellem Austausch mit anderen Wesen. Die Entfaltung der inneren Harmonie.

B 50

Blaßblau/Blaßblau
Name: El Morya
Tarot: Das As der Kelche
Numerologie: Die Fünfzig
Chakra: Kehlkopf-Chakra
Grundthema: Spirituelle Inspiration
Körper: Bei allen Erkrankungen, die mit dem Kehlkopf-Chakra in Verbindung stehen.
Affirmation: Ich lasse mich von der göttlichen Kraft führen.

Mike Booth: Die innere Übereinstimmung mit dem eigenen Lebensplan finden. Im Einklang mit dem göttlichen Geist handeln.

B 51

Blaßgelb/Blaßgelb
Name: Kuthumi
Tarot: Der König der Schwerter
Numerologie: Die Einundfünfzig
Chakra: Solarplexus-Chakra
Grundthema: Die Suche des Geistes nach Wahrheit.
Körper: Bei allen Problemen die im Zusammenhang mit der Nahrungsaufnahme und der Verdauung stehen. Auch bei Schwierigkeiten mit empfindlicher Haut.
Affirmation: Freude kommt in mein Leben.
Mike Booth: Die Fähigkeit, den eigenen spirituellen Hintergrund zu hinterfragen und neu zu bestimmen. Spirituelles Erwachen und geistiger Aufbruch.

B 52

Blaßpink/Blaßpink
Name: Lady Nada
Tarot: Die Königin der Schwerter
Numerologie: Die Zweiundfünfzig
Chakra: Basis- und Scheitel-Chakra
Grundthema: Liebe ohne Bedingungen
Körper: Bei allen Frauenkrankheiten im Unterleibsbereich. Hilfreich auch in den Wechseljahren.
Affirmation: Ich mag mich so, wie ich bin.

Vicky Wall: Die uneingeschränkte Hingabe an die Liebe. Die Wiederbegegnung mit einem geliebten Menschen. Vicky Wall setzte B 52 auch bei Magersucht ein.

B 53

Blaßgrün/Blaßgrün
Name: Hilarion
Tarot: Der Ritter der Schwerter
Numerologie: Die Dreiundfünfzig
Chakra: Herz-Chakra
Grundthema: Der Weg der Wahrheit und des Lebens.
Körper: Bei allen Erkrankungen der oberen Atemwege, vor allem wenn sie durch nervliche Anspannung mitverursacht wurden.
Affirmation: Ich finde meine Wahrheit.
Mike Booth: Zur eigenen inneren Wahrheitserkenntnis finden. Die Wahrnehmungsfähigkeit erweitert sich.

B 54

Klar/Klar
Name: Serapis Bey
Tarot: Der Page der Schwerter
Numerologie: Die Vierundfünfzig
Chakra: Alle Chakras
Grundthema: Reinigung auf allen Ebenen
Körper: Bei allen Prozessen und therapeutischen Anwendungen, die zur körperlichen Entschlackung beitragen. Hilfreich auch bei längeren Fastenkuren.

Affirmation: Ich lasse das Alte los.
Mike Booth: Geistiger Aufbruch zu neuen Ufern. Wachstum durch Verwirklichung und tieferes Verständnis geistiger Zusammenhänge.

B 55

Klar/Rot
Name: Der Christus
Tarot: Die Zehn der Schwerter
Numerologie: Die Fünfundfünfzig
Chakra: Basis-Chakra
Grundthema: Bedingungslose Liebe
Körper: Bei allen Themen, die mit dem Bereich Sexualität in Verbindung stehen.
Affirmation: Ich habe die Kraft, meine Wünsche zu verwirklichen.
Mike Booth: Das liebevolle Opfer.
Durch das Licht und die Inspiration einer höheren Wirklichkeit die Probleme auf dem physischen Plan lösen.

B 56

Blaßviolett/Blaßviolett
Name: Saint Germain
Tarot: Die Neun der Schwerter
Numerologie: Die Sechsundfünfzig
Chakra: Scheitel-Chakra
Grundthema: Problemlösung auf allen Ebenen
Körper: Bei fiebrigen Erkrankungen, Grippen, Kopfschmerzen, Schlafstörungen und nervösen Magenbeschwerden.

Affirmation: Ich verbinde Intuition und Vernunft.
Mike Booth: Die heilenden Energien für die innere Verwandlung.
Die Persönlichkeit widmet sich ganz dem Dienst der göttlichen Liebe.

B 57

Blaßpink/Blaßpink
Name: Pallas Athene und Aeolus
Tarot: Die Acht der Schwerter
Numerologie: Die Siebenundfünfzig
Chakra: Basis-, Kehlkopf- und Scheitel-Chakra
Grundthema: Das Loslassen der Vergangenheit.
Körper: Bei Frauenkrankheiten im Unterleibsbereich, Menstruationsproblemen und Schwierigkeiten im Sprachzentrum.
Affirmation: Voller Vertrauen lasse ich los.
Mike Booth: Hindernisse lassen sich jetzt überwinden, und Begrenzungen verlieren ihren einschränkenden Charakter. Voller Vertrauen erfolgt die große Verwandlung.

B 58

Blaßblau/Blaßpink
Name: Orion und Angelika
Tarot: Die Sieben der Schwerter
Numerologie: Die Achtundfünfzig
Chakra: Basis-, Kehlkopf- und Scheitel-Chakra
Grundthema: Innere und äußere Reisen
Körper: Bei allen Kinderkrankheiten und zur Lösung von Muskelverspannungen.

Affirmation: Veränderung geschieht nur im Hier und Jetzt.
Mike Booth: Die Kraft zur Veränderung. Die Brücke zwischen Geist und Materie. Mike Booth empfiehlt B 58 auch als Schutz vor emotionalen Krisen.

B 59

Blaßgelb/Blaßpink
Name: Lady Portia
Tarot: Die Sechs der Schwerter
Numerologie: Die Neunundfünfzig
Chakra: Basis- und Solarplexus-Chakra
Grundthema: Objektivität und Wahrheit
Körper: Zur Entgiftung des Körpers und bei Problemen mit den Ausscheidungsorganen.
Auch bei Hautproblemen hilfreich.
Affirmation: Ich wachse an den Gesetzen des Lebens.
Mike Booth: Mentales Gleichgewicht bringt dem gesamten Wesen Harmonie. Die Seele öffnet sich für den Einfluß eines höheren Lichtes.

B 60

Blau/Klar
Name: Lao-Tse und Kwan-Yin
Tarot: Die Fünf der Schwerter
Numerologie: Die Sechzig
Chakra: Kehlkopf-Chakra
Grundthema: Mit dem Leben Frieden schließen.
Körper: Bei Entzündungen und fiebrigen Infekten.
Affirmation: Meine Begrenzungen lösen sich auf.

Mike Booth: Nichts Negatives kann geschehen, wenn der Geist auf das göttliche Licht ausgerichtet ist. In der Stille entfaltet sich das Mitgefühl.

B 61

Blaßpink/Blaßgelb
Name: Sanat Kumara und Lady Venus Kumara
Tarot: Die Vier der Schwerter
Numerologie: Die Einundsechzig
Chakra: Basis- und Solarplexus-Chakra
Grundthema: Liebe, Verlust und Angst
Körper: Bei nervösen Störungen und ernsthaften nervlichen Erkrankungen; auch bei anhaltenden Hautproblemen.
Affirmation: Ich lerne, mein Leben zu meistern, und wachse daran.
Mike Booth: Wahrhaftigkeit und Ehrlichkeit; der Wunsch, die innere Wahrheit auch nach außen zum Ausdruck zu bringen.

B 62

Blaßtürkis/Blaßtürkis
Name: Maha Chohan
Tarot: Die Drei der Schwerter
Numerologie: Die Zweiundsechzig
Chakra: Herz- und Kehlkopf-Chakra
Grundthema: Die Vereinigung von Geist und Seele.
Körper: Alle Erkrankungen im Hals- und Kehlkopfbereich sowie bei Fehlfunktionen der Thymusdrüse. Auch bei Herzerkrankungen verwendbar.
Affirmation: Ich erfreue mich an Lebensenergie.

Mike Booth: Eine Lektion der Demut. Innere Ängste können überwunden werden, um wahren Frieden zu finden.

B 63

Smaradgrün/Blaßgrün
Name: Djwal Khul und Hilarion
Tarot: Die Zwei der Schwerter
Numerologie: Die Dreiundsechzig
Chakra: Herz-Chakra
Grundthema: Das Verstehen der eigenen Lebensaufgabe.
Körper: Bei Rückenproblemen und allgemeinen Beschwerden im Brustraum.
Affirmation: Im richtigen Zeitpunkt kommt alles auf mich zu, und ich handle.
Mike Booth: Das Verständnis für den tieferen Sinn des Lebens beginnt sich zu entfalten. Die Stimme des Herzens wird vernommen.

B 64

Smaragdgrün/Klar
Name: Djwal Khul
Tarot: Das As der Schwerter
Numerologie: Die Vierundsechzig
Chakra: Herz-Chakra
Grundthema: Alles Leben ist Veränderung.
Körper: Bei Erkrankungen im oberen Brustbereich, Atemproblemen und empfindlicher Haut.
Affirmation: Ich bitte darum, daß mein inneres Licht wachsen kann.

Mike Booth: Die Suche nach einem Neubeginn. Die Offenheit des Herzens kann sich jetzt entwickeln.

B 65

Violett/Rot
Name: Den Kopf im Himmel und die Füße auf der Erde haben
Tarot: Der König der Münzen
Numerologie: Die Fünfundsechzig
Chakra: Basis- und Scheitel-Chakra
Grundthema: Himmel und Erde verbinden.
Körper: Bei Rückenproblemen und bei Erkrankungen der unteren Extremitäten.
Affirmation: In meinem täglichen Leben entfaltet sich die Spiritualität.
Mike Booth: Die Fähigkeit, alte Muster loszulassen und sich für neue Impulse und Eindrücke zu öffnen. Innere Transformation.

B 66

Blaßviolett/Blaßpink
Name: Die Schauspielerin
Tarot: Die Königin der Münzen
Numerologie: Die Sechsundsechzig
Chakra: Basis- und Scheitel-Chakra
Grundthema: Sich mit Schönheit umgeben.
Körper: Bei nervösen Erkrankungen und allen Formen von Problemen im Genitalbereich.
Affirmation: Ich achte darauf, wer in meinem Leben Regie führt.

Mike Booth: Das Spirituelle läßt sich jetzt in der Materie zum Ausdruck bringen. Ideale werden verwirklicht.

B 67

Magenta/Magenta
Name: Göttliche Liebe.
Tarot: Der Ritter der Münzen
Numerologie: Die Siebenundsechzig
Chakra: Alle Chakras
Grundthema: Spiritualität im Alltag
Körper: Bei Störungen und Erkrankungen im Herzbereich.
Affirmation: Meine Spiritualität ist in meinem Leben voll integriert.
Mike Booth: Fürsorge und Zärtlichkeit. Mitgefühl ist die Voraussetzung für inneren Dienst und Liebe für den Nächsten.

B 68

Blau/Violett
Name: Gabriel
Tarot: Der Page der Münzen
Numerologie: Die Achtundsechzig
Chakra: Kehlkopf-, Brauen- und Scheitel-Chakra
Grundthema: Friede und geistige Klarheit
Körper: Bei allgemeinen nervlichen Störungen und sämtlichen Erkrankungen, die im Zusammenhang mit dem Kehlkopf-Chakra in Verbindung zu bringen sind.
Affirmation: Am Ende liegt der Neubeginn.

Mike Booth: Die Verankerung von ideellen Werten in der materiellen Welt. Neue Wege eröffnen sich.

B 69

Magenta/Klar
Name: Klingende Glocke
Tarot: Die Zehn der Münzen
Numerologie: Die Neunundsechzig
Chakra: Alle Chakras
Grundthema: Die Kraft der Liebe
Körper: Bei allen Erkrankungen im Genitalbereich und bei Problemen mit Impotenz oder Frigidität.
Affirmation: Mein Leben ist im Gleichgewicht.
Mike Booth: Das innere Licht klärt alle Leidenschaften und läutert die Begierden.

B 70

Gelb/Klar
Name: Vision von Herrlichkeit
Tarot: Die Neun der Münzen
Numerologie: Die Siebzig
Chakra: Solarplexus-Chakra
Grundthema: Innere Klarheit erlangen.
Körper: Bei allen Hauterkrankungen.
Affirmation: Ich lasse Freude zu, und mein Leben erhellt sich.
Mike Booth: Ein inneres Wissen wird entdeckt, das Klarheit und Einsicht schenkt. Die Transformation des Intellekts.

B 71

Pink/Klar
Name: II. Essener Flasche. Das Juwel im Lotos
Tarot: Die Acht der Münzen
Numerologie: Die Einundsiebzig
Chakra: Basis-Chakra
Grundthema: Selbstannahme
Körper: Bei allen Beschwerden im Unterleibsbereich.
Affirmation: Ich akzeptiere den göttlichen Funken in mir.
Mike Booth: Durch die grenzenlose Kraft der Liebe wird das gesamte Bewußtsein transformiert. Erwachen zum göttlichen Licht.

B 72

Blau/Orange
Name: Der Clown
Tarot: Die Sieben der Münzen
Numerologie: Die Zweiundsiebzig
Chakra: Kehlkopf-Chakra
Grundthema: Die eigene Traurigkeit erlösen.
Körper: Bei ungelösten Problemen mit der eigenen Sexualität.
Affirmation: Ich kann über meine tiefen Erfahrungen sprechen.
Mike Booth: Der Prozeß der Veränderung greift mit Macht Raum im Leben. Die innere Freude möchte mitgeteilt werden.

B 73

Gold/Klar
Name: Chang-Tsu
Tarot: Die Sechs der Münzen
Numerologie: Die Dreiundsiebzig
Chakra: Solarplexus-Chakra
Grundthema: Unabhängiges Denken
Körper: Bei Problemen mit dem Verdauungsapparat.
Affirmation: Je mehr ich gebe, desto mehr bekomme ich zurück.
Mike Booth: Die innere Klarheit ist die Voraussetzung, um das göttliche Licht aufzunehmen. Das innere Licht entfaltet die Schönheit im Leben.

B 74

Blaßgelb/Blaßgrün
Name: Der Triumph
Tarot: Die Fünf der Münzen
Numerologie: Die Vierundsiebzig
Chakra: Solarplexus- und Herz-Chakra
Grundthema: Sich seiner Gefühle bewußt werden.
Körper: Vorrangig bei psychosomatischen Erkrankungen, aber auch bei nervlich bedingten Hautkrankheiten und bei Problemen mit der Verdauung.
Affirmation: Ich teile meine Erfahrungen und meine Zeit mit anderen.
Mike Booth: Aus der inneren Distanz lassen sich Probleme besser erkennen und leichter lösen. Wissen ist der Weg.

B 75

Magenta/Türkis
Name: Mit dem Fluß gehen
Tarot: Die Vier der Münzen
Numerologie: Die Fünfundsiebzig
Chakra: Alle Chakras
Grundthema: Mit dem Leben im Fluß sein.
Körper: Als Schmerzmittel und bei rheumatischen Erkrankungen. Als Ergänzungsflasche bei lange anhaltenden oder chronischen Krankheiten einsetzbar.
Affirmation: Liebe, Energie und Mut fließen durch meinen Körper.
Mike Booth: Es bedarf meistens harter Arbeit, um erfolgreich zu sein. Offen werden für neue Gedanken und Impulse.

B 76

Pink/Gold
Name: Vertrauen
Tarot: Die Drei der Münzen
Numerologie: Die Sechsundsiebzig
Chakra: Solarplexus- und Basis-Chakra
Grundthema: Sich und seine Begabungen lieben.
Körper: Fördert die Aktivitäten des Hormonsystems und unterstützt die Verdauungsprozesse.
Affirmation: Durch meine tiefe Liebe kann ich loslassen.
Mike Booth: Sich von innerer Verwirrung befreien sowie Sorgen und Ängste überwinden. Wachstum durch tiefe Hingabe.

B 77

Klar/Magenta
Name: Der Kelch
Tarot: Die Zwei der Münzen
Numerologie: Die Siebenundsiebzig
Chakra: Alle Chakras
Grundthema: Lebenskraft durch Licht
Körper: Zur Überwindung von Spannungen und Blockaden im gesamten Körpersystem.
Affirmation: Das Licht vertreibt meine Schatten.
Mike Booth: Die Erfahrung von einem klaren Bewußtsein ermöglicht die innere Öffnung hin zum göttlichen Licht.

B 78

Violett/Tiefmagenta
Name: Scheitel-Chakra „Erste-Hilfe"
Tarot: Das As der Münzen
Numerologie: Die Achtundsiebzig
Chakra: Scheitel-Chakra
Grundthema: Göttliche Kraft strömt zur Hilfe der Menschheit herab.
Körper: Bei Spannungen im Kopfbereich, wie Migräne oder Kopfschmerzen. Bei Nervenentzündungen, vor allem im Rückenbereich, wie etwa bei eingeklemmtem Ischias-Nerv.
Affirmation: Ich bitte die göttliche Kraft um Hilfe.
Mike Booth: Die Vollendung des Alten und der Beginn eines neuen Weges.

B 79

Orange/Violett
Name: Die Straußflasche (Kopf in den Sand stekken.)
Tarot: Der Magier
Numerologie: Die Neunundsiebzig
Chakra: Scheitel-Chakra
Grundthema: Spirituelle Enttäuschung
Körper: Bei Problemen mit der Verdauung und im Geschlechtsbereich.
Affirmation: Ich nehme mein Leben selber in die Hand.
Mike Booth: Die individuelle Kreativität wird vom universellen Geist inspiriert.

B 80

Rot/Pink
Name: Artemis
Tarot: Die Hohepriesterin
Numerologie: Die Achtzig
Chakra: Basis-Chakra
Grundthema: Erwachen für Kraft und Liebe.
Körper: Zur Auffrischung bei Erschöpfung. Belebt und schenkt neue Energie.
Affirmation: Meine Wünsche werden wahr.
Mike Booth: Der Weg, auf dem lange verschüttete Ängste gelöst werden können, wird sichtbar.

B 81

Pink/Pink
Name: Bedingungslose Liebe
Tarot: Die Herrscherin
Numerologie: Die Einundachtzig
Chakra: Basis-Chakra
Grundthema: Sich selber akzeptieren.
Körper: Bei Störungen im hormonellen Bereich und bei allen Formen von Eßstörungen.
Affirmation: So, wie ich bin, liebe ich mich.
Mike Booth: Inneres Leid und ungelöster Schmerz wird durch das Mitgefühl liebevoller Güte geheilt.

B 82

Grün/Orange
Name: Calypso
Tarot: Der Herrscher
Numerologie: Die Zweiundachtzig
Chakra: Herz-Chakra
Grundthema: Die Überwindung emotionaler Schocks.
Körper: Bei Problemen mit den Atemwegen. Hilfreich auch bei Fastenkuren und allgemein zur Entgiftung.
Affirmation: Ich lasse alles Negative hinter mir.
Mike Booth: Die Verbindung von innen und außen schenkt neue Einsichten. Der Weg der Weisheit des Herzens.

B 83

Türkis/Gold
Name: Sesam öffne dich
Tarot: Der Hierophant
Numerologie: Die Dreiundachtzig
Chakra: Solarplexus- und Herz-Chakra
Grundthema: Alte Weisheit wird neu entdeckt.
Körper: Bei zu niedrigem oder zu hohem Blutdruck und bei nervösen Magenproblemen.
Affirmation: Ich öffne mein Herz, um tiefe Freude mit anderen zu teilen.
Mike Booth: Die alten Energien der Vergangenheit können auf kreative Weise für die Gegenwart genutzt werden.

B 84

Pink/Rot
Name: Kerze im Wind
Tarot: Die Liebenden
Numerologie: Die Vierundachtzig
Chakra: Basis-Chakra
Grundthema: Die wirkliche Kraft der Liebe wird erweckt.
Körper: Bei sexuellen Problemen, in den Wechseljahren und allgemein bei Störungen im Hormonhaushalt.
Affirmation: Ich lasse alte Muster los und öffne mich der wahren Liebe.
Mike Booth: Die mystische Hochzeit. Die Essenz der liebenden Güte.

B 85

Türkis/Klar
Name: Titania
Tarot: Der Wagen
Numerologie: Die Fünfundachtzig
Chakra: Herz-Chakra
Grundthema: Die Lösung emotionaler Konflikte.
Körper: Bei Problemen mit den oberen Atemwegen.
Affirmation: Die Liebe läßt unterdrückte Tränen fließen.
Mike Booth: Verwirklichung des höheren Selbst. Die Verbindung mit der geistigen Welt.

B 86

Klar/Türkis
Name: Oberon
Tarot: Die Gerechtigkeit
Numerologie: Die Sechsundachtzig
Chakra: Herz-Chakra
Grundthema: Klarheit im Herzen und im Ausdruck finden.
Körper: Bei nervlich bedingten Erkrankungen des Herzens und der Haut.
Affirmation: Das Einfachste ist oft die Lösung.
Mike Booth: Der Ausgleich gegensätzlicher Kräfte im eigenen Inneren. Kommunikation vom Herzen aus.

B 87

Koralle/Koralle
Name: Die Weisheit der Liebe
Tarot: Der Eremit
Numerologie: Die Siebenundachtzig
Chakra: Sakral-Chakra
Grundthema: Unerwiderte Liebe
Körper: Bei Problemen im Verdauungsbereich und bei Schwierigkeiten mit dem Kreislauf.
Affirmation: Die Liebe löst meine Enttäuschungen auf.
Mike Booth: Die Fähigkeit, Weisheit und Liebe im täglichen Leben ausdrücken zu können.

B 88

Grün/Blau
Name: Der Jade-Herrscher
Tarot: Das Rad des Schicksals
Numerologie: Die Achtundachtzig
Chakra: Herz- und Kehlkopf-Chakra
Grundthema: Liebe zur Natur
Körper: Bei Erkrankungen der oberen Luftwege, bei Angina pectoris und bei Herzproblemen.
Affirmation: Ich öffne mich für die Liebe der Natur.
Mike Booth: Die Liebe zur Natur bringt Frieden in die Tiefe des menschlichen Wesens.

B 89

Rot/Tiefmagenta
Name: Energie-„Erste Hilfe"

Tarot: Die Kraft
Numerologie: Die Neunundachtzig
Chakra: Basis-Chakra
Grundthema: Das Empfangen von Heilenergie
Körper: Neue Lebenskraft nach großer Erschöpfung und längerer schwerer Krankheit. Auch hilfreich bei Problemen mit der eigenen Sexualität.
Affirmation: Heilenergie soll zum Wohle anderer durch mich fließen.
Mike Booth: Die Flasche B 89 kann zum Reinigen der Chakras verwendet werden! Eine Flasche zur tantrischen Praxis.

B 90

Gold/Tiefmagenta
Name: Weisheits-„Erste Hilfe“
Tarot: Der Gehängte
Numerologie: Die Neunzig
Chakra: Alle Chakras, speziell das Solarplexus-Chakra
Grundthema: Die Auseinandersetzung mit der eigenen Unsicherheit führen.
Körper: Bei allen Verdauungsproblemen und bei Schwierigkeiten mit empfindlicher Haut.
Affirmation: Neue Strukturen verändern mein Leben.
Mike Booth: Der Weg zu einem tieferen Bewußtsein, zu größerer Achtsamkeit und intensiverer Lebensfreude.

B 91

Olivgrün/Olivgrün
Name: Weibliche Führerschaft
Tarot: Der Tod
Numerologie: Die Einundneunzig
Chakra: Solarplexus- und Herz-Chakra
Grundthema: Weibliche Führungskräfte entwickeln
Körper: Bei Herzkrankheiten und zur Lösung von krampfartigen Schmerzen, speziell im Rückenbereich.
Affirmation: Ich vertraue meiner Intuition und gehe im Leben voran.
Mike Booth: Die Angst anschauen, die verhindert, die weiblichen Kräfte voll zu entfalten. Frauen müssen aufgeben, sich an Männern auszurichten.

B 92

Koralle/Olivgrün
Name: Gretel
Tarot: Die Mäßigkeit
Numerologie: Die Zweiundneunzig
Chakra: Sakral-, Herz- und Kehlkopf-Chakra
Grundthema: Der Intuition vertrauen lernen.
Körper: Bei allen Beschwerden, die psychosomatisch verursacht werden, und bei Herzkrankheiten.
Affirmation: Ich vertraue meiner Intuition und wachse mit ihr.
Mike Booth: Hoffnung auf und Vertrauen in die Zukunft.

B 93

Koralle/Türkis
Name: Hänsel
Tarot: Der Teufel
Numerologie: Die Dreiundneunzig
Chakra: Sakral- und Herz-Chakra
Grundthema: Kommunikation und tiefste Freude
Körper: Bei allen Problemen mit den oberen Atemwegen.
Affirmation: Ich nehme die göttliche Wahrheit an.
Mike Booth: Der innere Lehrer wird erkannt. Kreative Kommunikation aus dem Herzen heraus.

B 94

Blaßblau/Blaßgelb
Name: Erzengel Michael
Tarot: Der Turm
Numerologie: Die Vierundneunzig
Chakra: Kehlkopf- und Solarplexus-Chakra
Grundthema: Sich dem Prozeß des Lebens anvertrauen.
Körper: Zur inneren Ruhefindung und zur Behebung aller nervlich bedingten Erkrankungen.
Affirmation: Dein Wille geschehe.
Mike Booth: Durch die Überwindung der inneren Ängste wird der Zugang zur wahren Lebensfreude wieder frei.

B 95

Magenta/Gold
Name: Erzengel Gabriel
Tarot: Der Stern
Numerologie: Die Fünfundneunzig
Chakra: Solarplexus- und Scheitel-Chakra
Grundthema: Friede und Erfüllung
Körper: Bei allen Erkrankungen im Bereich der Ausscheidungsorgane.
Affirmation: Ich sehe die göttliche Führung in allen Dingen.
Mike Booth: Der Bruch mit alten Banden und der Beginn neuer Beziehungen. Mut zum Neuanfang.

B 96

Königsblau/Königsblau
Name: Erzengel Raphael
Tarot: Der Mond
Numerologie: Die Sechsundneunzig
Chakra: Brauen-Chakra (Drittes Auge)
Grundthema: Die höheren Funktionen des Geistes und des Verstandes entfalten.
Körper: Bei Herzproblemen und Schwierigkeiten mit den Atemwegen, die durch inneres Festhalten ausgelöst wurden.
Affirmation: Ich bekomme göttliche Unterstützung, um meinen Weg klar zu sehen.
Mike Booth: Echtes Mitgefühl entfaltet sich im Herzen. Eine große Klarheit wird gewonnen.

B 97

Gold/Königsblau
Name: Erzengel Uriel
Tarot: Die Sonne
Numerologie: Die Siebenundneunzig
Chakra: Solarplexus- und Brauen-Chakra (Drittes Auge)
Grundthema: Selbstverwirklichung
Körper: Bei Problemen mit dem Hormonhaushalt und dem Drüsensystem.
Affirmation: Ich höre und sehe in die Tiefe meines Selbst und finde Frieden.
Mike Booth: Die Öffnung für ein neues, von oben inspiriertes Bewußtsein. Die eigenen Werte werden neu überprüft.

B 98

Hellviolett/Koralle
Name: Erzengel Sandalphon
Tarot: Das Gericht
Numerologie: Die Achtundneunzig
Chakra: Sakral- und Scheitel-Chakra
Grundthema: Heilung der unerwiderten Gefühle
Körper: Bei psychosomatischen Erkrankungen und Hautproblemen.
Affirmation: Meine Liebesfähigkeit wird neu erweckt.
Mike Booth: Eine Mißbrauchssituation in der Vergangenheit tritt möglicherweise unerwartet ins Bewußtsein.

B 99

Helloliv/Rosa
Name: Erzengel-Tzadkiel
Tarot: Die Welt
Numerologie: Die Neunundneunzig
Chakra: Herz-Chakra
Grundthema: Vom „Wasser des Lebens" erfüllt werden.
Körper: Bei allen Problemen im Bereich des Solarplexus.
Affirmation: Das göttliche Licht umhüllt mich immer.
Mike Booth: Der Zeitpunkt ist gekommen, um alte Ängste loszulassen.

KAPITEL 5

Die Pomander

Die Entstehung

Im Gegensatz zu den Equilibrium-Flaschen setzen sich die Pomander nicht aus Ölen und Kräuteressenzen zusammen, sondern sind ein alkoholischer Auszug.

Das Wort „Pomander“ stammt ursprünglich aus dem spätmittelalterlichen Französisch und geht auf einen mit Nelken gespickten Apfel zurück, der als Schutz vor „bösen Kräften“ verwendet wurde.

Im Gericht sollte er die Atmosphäre reinigen und den Richtern so ein klares Bewußtsein für ihre gerechten Urteile schenken.

Vicky Wall entwickelte auch die Pomander unter der Inspiration ihrer geistigen Führung. Jede Flasche enthält neunundvierzig Extrakte und Essenzen, wobei jeder Pomander eine verschiedene Mischung darstellt.

Erstmals zum Einsatz kamen die Pomander im Jahr 1986, als Vicky Wall und Mike Booth sich kurz nach dem Gau des Kernreaktors in Tschernobyl in Dänemark aufhielten.

Ohne genaue Kenntnis der Schwere des Unfalls empfanden beide eine enorme Belastung des feinstofflichen und physischen Organismus und setzten die Pomander ein, um die Aura zu reinigen und zu schützen. Sie erwiesen sich als ausgesprochen hilfreich.

Die Verwendung

Die Pomander sind sehr leicht anzuwenden. Man träufelt drei Tropfen auf die Handinnenflächen, verreibt sie leicht und führt sie, nachdem man sie zuvor der Welt dargeboten hat, über den Kopf um die Peripherie des Körpers.
Dadurch werden die Chakras des Körpers sowie der ganze feinstoffliche Bereich des Menschen mit einem „geistigen Schutzschild“ umgeben. Zum Abschluß werden die Hände vor das Gesicht gehalten, und der zarte Duft des Pomanders wird inhaliert.
So werden Außen- und Innenwelt in einem großen Bogen verbunden.
Der Pomander wirkt also auf drei Ebenen – durch die Aura, auf der Haut und durch den Atem.

DER RUBINROTE POMANDER

Die Farbe des rubinroten Pomanders ist ein tiefes, dunkles Rot. Er duftet erdig, holzig und würzig.
Seine ätherischen Öle sind Zeder und Lorbeer, seine Edelsteinenergien entstammen unter anderem dem Granat, dem Rubin, dem Blutstein und dem Karneol.
Der rubinrote Pomander sollte zum Aufbau eines geistigen Schutzschildes verwendet werden und zur Reinigung von Räumen.
Vicky Wall setzte diesen Pomander auch zur Energetisierung und zur Belebung der Vitalität ein.

Der rote Pomander

Der rote Pomander duftet fruchtig, würzig bis erdig, seine ätherischen Öle entstammen dem Sandelholz, dem Wacholder und den Nelken. Seine Edelsteinenergie besteht aus dem Granat und dem Rubin.

Der rote Pomander wirkt über das Basis-Chakra besonders auf die Sexualität.

Durch die Entfaltung und Umsetzung der sexuellen Energien wird auch die Lebenskraft neu vitalisiert.

Auch bei der Reinigung von Räumen hat sich der rote Pomander als überaus hilfreich erwiesen.

Der orange Pomander

Der orangefarbene Pomander duftet fruchtig, würzig bis frisch, seine ätherischen Öle bestehen aus Mandarine und Zimt.

Die Edelsteinenergien entstammen dem Topas, dem orangefarbenen Calcit, dem Sonnenstein, dem Tigerauge und dem Jaspis.

Vicky Wall verwandte den orangefarbenen Pomander als Mittel gegen Schock und zur Überwindung alter Blockaden.

Dadurch erwies er sich als sehr hilfreich bei Hautproblemen oder nervlichen Belastungen. Auch das Hormonsystem reagiert überaus positiv auf den Einsatz dieses Pomanders.

Der goldene Pomander

Der goldfarbene Pomander duftet fruchtig und blumig, mit einem leichten Waldton. Melisse ist der Anteil des ätherischen Öls, und seine Edelsteinenergien entstammen dem Bernstein, dem Zitrin und aus dem Metall Gold.
Vicky Wall setzte den goldenen Pomander ein, um dem Menschen neue geistige Kräfte zuzuführen. Er öffnet die Aura, um sie aufnahmefähig für die Inspiration aus dem *Licht* zu machen. So stärkt der Pomander, über die positive Erfahrung, das Vertrauen in die eigenen intuitiven Fähigkeiten.

Der gelbe Pomander

Der gelbfarbene Pomander duftet fruchtig, zitronig und leicht nach Wald. Seine ätherischen Öle bestehen aus Zitronella, Sandelholz und Zitronengras. Seine Edelsteinenergien entstammen dem Bernstein, dem Fluorit, dem gelben Quarz, dem Topas und dem Zitrin.
Der gelbe Pomander stärkt das innere Selbstwertgefühl und hilft, die dunklen Stunden des Lebens leichter zu überstehen. Er ist derjenige Pomander, der am intensivsten den Mut zum Leben stärkt und ein inneres Licht leuchten läßt.

Der olivgrüne Pomander

Der olivgrüne Pomander duftet frisch und nach

den Kräutern des Waldes. Seine ätherischen Öle bezieht er aus der Himalaya-Kiefer und dem Lavendel.
Die Edelsteinenergien kommen unter anderem aus dem Epidot, der Jade und dem Olivin. Der olivgrüne Pomander öffnet die Tür zu den intuitiven Fähigkeiten, zum inneren Meister. Vor allem jedoch hilft er, die weiblichen Aspekte im Menschen zu erschließen, die eher aus dem Bereich der Gefühle und des Herzens kommen.

Der smaragdgrüne Pomander

Der smaragdgrüne Pomander duftet etwas medizinisch, dabei warm und nach Wald.
Seine ätherischen Öle sind aus Rosmarin und Kiefer gewonnen. Seine Edelsteinenergien gehören zur Jade, dem Malachit, dem Moldavit und dem Smaragd.
Vicky Wall verwandte den smaragdgrünen Pomander als Unterstützung für alle Chakra-Behandlungen. Grundsätzlich beruhigt der grüne Pomander und führt den Menschen wieder in sein inneres Gleichgewicht, in die Harmonie seines Herzens.

Der türkise Pomander

Der türkisfarbene Pomander duftet süß und würzig bis frisch. Das ätherische Öl stammt von der Zeder. Die Edelsteinenergien sind dem Aquamarin entnommen.

Der türkise Pomander wird zur Stärkung des Immunsystems eingesetzt und wirkt ganz besonders heilsam auf die Thymusdrüse. Im Spirituellen öffnet er für neue Impulse und Einsichten.

Der saphirblaue Pomander

Der saphirblaue Pomander duftet süß und nach Wald. Seine ätherischen Öle entstammen der Zeder, der Myrrhe und dem Maiglöckchen. Die Edelsteinenergien sind unter anderem dem Aquamarin und dem Saphir entnommen.
Der saphirblaue Pomander öffnet die Persönlichkeit für den Einfluß der geistigen Welt. Er wird daher gerne auch als die „Brücke ins Lichtreich" bezeichnet. Im körperlichen Bereich ist er hilfreich bei Verspannungen im Nacken und im Schulterbereich.

Der königsblaue Pomander

Der königsblaue Pomander duftet süß und nach Wald. Seine ätherischen Öle entstammen dem Maiglöckchen und der blauen Kamille. Seine Edelsteinenergien sind im Fluorit und im Lapislazuli enthalten.
Der königsblaue Pomander klärt das Bewußtsein. Er schenkt Einsicht und ein erweitertes Wahrnehmungsvermögen.

Der violette Pomander

Der violette Pomander duftet nach Veilchen, und auch seine ätherischen Öle entstammen dem Veilchen und zusätzlich der Rose, der Rosengeranie und dem Lavendel. Die Edelsteinenergien sind aus dem Amethyst, dem Diamanten und dem Bergkristall entnommen.
Für Vicky Wall war dies das geeignete Mittel, um alles ins Gleichgewicht zu bringen, was durch Streß und Hektik durcheinandergeraten war.

Der Magenta-Pomander

Der magentafarbene Pomander duftet fruchtig. Seine ätherischen Öle entstammen dem Lavendel und dem Olibanum. Seine Edelsteinenergien sind im Amethyst, im Granat, im Rubin und im Sugilit enthalten.
Der magentafarbene Pomander führt zu der uralten Weisheit, daß alles in allem enthalten ist. Vicky Wall arbeitet mit Magenta vor allem bei Pilz- und Virusinfektionen.

Der Pink-Pomander

Der pink- oder rosafarbene Pomander duftet blumig und süß. Seine ätherischen Öle kommen aus der Rosengeranie. Seine Edelsteinenergien entstammen dem Rosenquarz, dem rosa Turmalin und dem Morganit.

Der pinkfarbene Pomander wird vorrangig zum Schutz der Aura eingesetzt, die vor allem dann gefährdet ist, wenn der Mensch sich in Liebe geöffnet hat und dadurch natürlich auch in hohem Maße verletzlich geworden ist.

Der weisse Pomander

Der weiße Pomander duftet etwas medizinisch, dabei warm und anregend. Seine ätherischen Öle sind aus Kajeput und Lorbeer gewonnen.
Seine Edelsteinenergien entstammen dem Morganit, dem Bergkristall und dem Selenit.
Der weiße oder klare Pomander war der erste, den Vicky Wall entwickelt hat.
Er gilt als der stärkste Schutz der Aura.
Mike Booth empfiehlt ihn auch bei Verletzungen oder Entzündungen der Haut, vor allem bei Entzündungen des Zahnfleisches.

Die ideale Anwendung

Eine überaus erfahrene Aura-Soma-Therapeutin wie Anita Bind-Klinger empfiehlt die Verwendung der Pomander bei folgenden Lebenssituationen:

1. Vor oder während der Meditation.
2. In alltäglichen Lebenssituationen, in denen man sich nach Hilfe sehnt.
3. Vor Gesprächen, Verhandlungen oder Prüfungen.

4. Vor starker erausforderungen.
5. Wenn ma ein Bedürfnis nach Schutz verspürt.
6. Für The eeuten vor den Behandlungen.
7. Vor Se naren oder Tagungen, wenn man in großen Gr pen zusammenkommt.

KAPITEL 6

Die Meisteressenzen

Der Ursprung

Vicky Wall beschrieb einmal in berührenden Worten den Ursprung der „Meisteressenzen", die in einmaliger Weise die Licht- und Heilkraft von Wesen einer höheren Welt enthalten. „Die Meisteressenzen haben ihren Ursprung in der Quelle des Lichts jenseits der Stille. Für diese spezielle Epoche in der Menschheitsentwicklung sind die Meisteressenzen nun von der Hierarchie des Kosmos für die Entfaltung des Individuums zugänglich gemacht worden. Jede einzelne Essenz reflektiert und enthält Energien, die der kosmischen Ebene des Menschen entsprechen, und sprechen damit das höchste in der Seele enthaltene Potential an." Sie deutet damit schon an, daß es einer gewissen inneren Vorbereitung und Einstimmung bedarf, um die Meisteressenzen von Aura-Soma wirklich schätzen zu können.

Die Hauptfunktionen

Vicky Wall gab fünf wesentliche Aufgabenbereiche an, in denen die Meisteressenzen Verwendung finden sollten:

1. Die Ausrichtung des Menschen zur kosmischen Ebene, die Verbindung mit dem Weltgeist.
2. Die Ausrichtung auf feinstoffliche Energien und die Meister der Weisheit.
3. Die Integration zwischen physischem Körper und den höheren Wesensgliedern des Menschen.

4. Die Ausrichtung auf das Licht der Meister und seine transformierende Kraft.
5. Das Abtragen alter Schulden und die Befreiung durch die universelle Liebe.

El Morya und Lady Miriam

Die erste Meisteressenz schenkt die Erkenntnis der göttlichen Allmacht. Sie offenbart sich auf einem hellblauen Lichtstrahl und mit einem frischen, blumigen Duft. Ihre Botschaft lautet: Gottes Wille wirkt durch den Menschen, und Sein Wille ist Liebe.

Kuthumi

Diese Meisteressenz schenkt die Erkenntnis der Einheit allen Lebens. Sie offenbart sich auf einem blaßgoldenen Lichtstrahl und mit einem blumigen Duft. Ihre Botschaft lautet: Alles Geschaffene hat ein Bewußtsein.

Lady Nada

Diese Meisteressenz schenkt die Erkenntnis der Einheit des männlichen und des weiblichen Aspektes. Sie offenbart sich auf einem hellrosafarbenen Lichtstrahl und mit einem Rosenduft. Ihre Botschaft lautet: Nur die bedingungslose Liebe zählt.

Hilarion

Diese Meisteressenz schenkt die Erkenntnis der geistigen Freiheit.
Sie offenbart sich auf einem hellgrünen Lichtstrahl und mit einem Duft wie ein frischer Frühlingstag. Ihre Botschaft lautet: Der Weg, die Wahrheit und das Leben.

Serapis Bey

Diese Meisteressenz schenkt die Erkenntnis des Sinns von Leiden und Konflikten. Sie offenbart sich auf einem weißen (klaren) Lichtstrahl und mit einem stark würzigen Duft. Ihre Botschaft lautet: Reinigung auf allen Ebenen.

Christus

Diese Meisteressenz schenkt die Erkenntnis der opferbereiten Liebe. Sie offenbart sich in einem tiefroten Lichtstrahl und mit einem würzigen Duft. Ihre Botschaft lautet: Die Liebe ist die erlösende Kraft.

Saint Germain

Diese Meisteressenz schenkt die Erkenntnis des höheren geistigen Wissens.
Sie offenbart sich in einem violetten Lichtstrahl und

mit einem intensiven Veilchenduft. Ihre Botschaft lautet: Erkennt euer höheres Selbst.

Djwal Khul

Diese Meisteressenz schenkt die Erkenntnis der tieferen Weisheit der Astrologie. Sie offenbart sich in einem grünen Lichtstrahl und mit einem frischen, würzigen Waldduft. Ihre Botschaft lautet: Die einzige Konstante im Leben ist die Veränderung.

Orion und Angelika

Diese Meisteressenz schenkt die Erkenntnis der Morgenröte einer neuen Zeit. Sie offenbart sich in einem hellrosafarbenen Lichtstrahl und mit einem blumigen, zitronigen Duft. Ihre Botschaft lautet: Vertraut darauf, zur richtigen Zeit am richtigen Ort zu sein.

Lady Portia

Diese Meisteressenz schenkt die Erkenntnis von Gnade und Mitgefühl. Sie offenbart sich in einem goldfarbenen Lichtstrahl und mit einem intensiven blumigen Duft. Ihre Botschaft lautet: Gebt eure Urteile und Vorurteile auf.

Sanat Kumara und Venus Kumara

Diese Meisteressenz schenkt die Erkenntnis der alldurchdringenden Gegenwart des göttlichen Geistes. Sie offenbart sich in einem blaßtopasfarbigen Lichtstrahl und mit einem erfrischenden, würzigen Duft. Ihre Botschaft lautet: Wie oben, so unten.

Maha Chohan

Diese Meisteressenz schenkt die Erkenntnis der Verbindung zwischen Intellekt und Inspiration. Sie offenbart sich in einem blaßtürkisen Lichtstrahl und mit einem frischen, würzigen Duft. Ihre Botschaft lautet: Verbindet alte Weisheit mit neuer Erkenntnis.

Pallas Athene und Aeolus

Diese Meisteressenz schenkt die Erkenntnis der Verbindung von Himmel und Erde. Sie offenbart sich in einem pfirsichrosafarbenen Lichtstrahl und mit einem frischen blumigen und süßen Duft. Ihre Botschaft lautet: Verwirklicht Spiritualität im Alltag.

Lao-Tse und Kwan-Yin

Diese Meisteressenz schenkt die Erkenntnis von der Verwandlung der Kräfte. Sie offenbart sich in einem blaßorangefarbenen Lichtstrahl und mit einem würzigen Duft. Ihre Botschaft lautet: Lerne Mitgefühl für alles Geschaffene.

Empfehlenswerte Literatur zu Aura-Soma

Anita Bind-Klinger, Aura-Soma, Bach-Blüten und Reiki, Grafing 1998
Dies., Die Aura-Soma-Meisteressenzen, Grafing 1997
Mike Booth, Das Aura-Soma-Tarot, Grafing 1998
Gundi Hofinger, Das Aura-Soma-Orakel
Philippa Merivale, Die Aura-Soma-Farbtherapie, Grafing 1999
Vicky Wall, Aura-Soma, Frankfurt 1998
Marlies D. Willing, Aura-Soma – Der Weg des Herzens, Grafing 1999